生物概念與教學

Biology Concepts and Teaching

中華民國科學教育學會／主編

序言

　　臺灣科學教育的研究結果豐碩，在亞洲地區多年來位居第一，引領科學教育研究領域的發展，有目共睹。為推廣科學教育相關理念與實務，提升科學教育研究於華人社會之影響力，學會鼓勵學者將相關研究改寫容易閱讀與理解之形式，集結出刊，以協助科學教師的專業發展及學生之科學學習。

　　今年（2016 年）出版組主任委員王靜如教授特別邀請曾經參與由郭重吉教授所領導主持之「台灣地區中小學生科學概念學習研究」中生物概念組研究群的教授執筆繕寫專書。生物概念組研究群由林陳涌教授及黃臺珠教授擔任召集人，每個月定期召集生物概念研究群的教授進行概念分析、概念圖的繪製、試題的編撰，及後續全國性施測；其後則有教科書圖文理解及教學研究等，研究群先後於國內外發表許多重要研究論文與報告，成果豐碩。這次研究群教授將過去關於中小學生物重要概念之研究成果加以整理，以中小學教師為主要讀者群，集結出版這本《生物概念與教學》專書。

　　《生物概念與教學》一書的各篇作者長期耕耘國內生物相關概念研究與教學，卓然有成。專書內容涵蓋重要的生物概念：生物分類、生態、遺傳與演化、開花植物生長與發育、生物運輸、呼吸作用、細胞以及生物統整概念。研究對象包括全國小學至高中學生之縱貫性發展研究，資料極具代表性，且相當珍貴；各篇文章如果牽涉教學面向，則教師亦是研究重要參與者。

　　感謝研究群教授們能在繁忙的教學、研究生活中，抽空整理研究與教學之智慧結晶，與大家分享；此外，出版委員會提供相關的行政支援與協助，使這本書的出版成為學會推廣研究成果的重要指標性作為。誠摯的希望這本書能陪伴讀者深入瞭解學生的生物概念之特性與成長趨勢，以及教學上可能的作為，做為教師提升生物科學教學的實務寶典，促進生物科學之教與學的專業成長，進而引領學生進行有效的科學學習。

中華民國科學教育學會理事長　林曉雯
國立屏東大學科普傳播學系

序言

　　身為大學自然科教材教法的老師，我發現一般人對於生物的瞭解，大概只是認識動物的名字或植物的名稱，或是一些生物的專有名詞，如光合作用、呼吸作用、毛細作用、遺傳、演化。至於問他們這些術語代表的真正概念是什麼就支吾其詞，欲言又止。生物學裡面有許多專有名詞和複雜的概念，要理解這些概念，需要基礎化學概念與抽象推理能力。我國學生從小學至中學學過不少有關生物學的課程，卻還是持有許多背離科學家的生物學概念，例如「植物白天行光合作用、晚上行呼吸作用」、「毛細作用是根毛吸水的作用」和「木材的重量主要來自土壤中的水分」。我也經常聽到畢業多年的老師對教學實務的心聲。他們說大學的教學理論在學校無法應用，因為在課堂裡，學生常有突如其來的舉動或行為；學校代辦行政工作又多如牛毛。這些瑣瑣碎碎的事物就搞得他們焦頭爛額，實在挪不出時間思考如何應用學習理論，提高學生的學習興趣與成效。或許你會認為一般考試的選擇題或問答題測驗就可以瞭解學生對概念的理解。其實選擇題或問答題只能判斷學生的表面理解，無法測知學生的深度理解。成功的學習必須奠基在正確的先備知識與學習方法；相反的，錯誤先備的知識與不當的學習方法將導致無效的學習。為了提高學習成效，教師需要瞭解學生的先備知識，運用適當的教學方法，循序引導學生重建正確的科學概念。基於上述理由，我們邀請八位大學生物教授，將他們過去在生物概念與教學上的研究成果，用淺顯易懂的文字撰寫成文，彙集成冊，提供中小學教師瞭解學生在生物領域上的理解。在教學上，老師可以先活化學生的先備經驗或對生物的理解，再進行有趣的學習活動，深入探索生物的奧秘。

　　對事物進行有系統的分類是科學界中的基本技能。第一章「形形色色的生物與系統分類學」，顏瓊芬教授開啟生物多樣性迷人的鑰匙。她以平實的文字，描述學生如何對世界上形形色色的生物進行分類，並歸納學生在生物系統分類學時常見的概念類型。在教學上，顏瓊芬教授建議以學生為主體的活動設計，引發學生大量的另有概念，提供學生有意義的概念衝突情境，並且藉由科學史的介紹，幫助學生瞭解生物分類的人為色彩與不確定性。教師可以提供學生明確的分類架構、分類依據，再配合典型及分典型的範例物種，詳加解釋。

能察覺分解者角色會參與生物腐化現象，且能理解分解對生物腐化之貢獻，才是符合科學界定的腐化概念。第二章「生態概念」，游淑媚教授設計有趣的科學繪本，訪談並解讀學生對生態概念中有關腐化現象及物質循環的概念。對於樹幹腐爛，學生認為樹幹腐爛是被動物吃掉或消失不見；對生態概念中有關物質循環概念的理解，小學生持有「物質無用」及「肥料養分」，國中學生持有「肥料養分」和「物質分解」，高中學生才持有「物質分解」和「物質循環」之想法類型。游教授發現中小學生對生物腐化的認知發展從自然因素、動物消費、物理因素、同化分解概念、到分解者分解有一定的進程。游教授還發現中小學生對生態系爭物質循環理解的發展進程：從物質無用、肥料養分、物質分解到物質循環，漸漸的符合科學界的概念。游教授建議教師應指導學生思考生物概念名詞背後的意涵以及與其他生態專有名詞間的圖片的誤判情。顯微攝影之影片的提供，亦可作為教科書平面呈現的輔助，協助學童瞭解生物腐化現象的真實面。

英國達爾文「物競天擇、適者生存」的演化說開啟了人類近代對生物演化的思想。第三章「中學生重要科學概念學習現況及教學改善策略研究：遺傳與演化概念」，黃臺珠教授探討學生對「遺傳」和「演化」兩個重要概念的想法，並分析國中、高中教材，瞭解其呈現方式與學生另有想法之間的關係。黃教授指出小學遺傳概念只介紹基本的符號表徵，缺少「基因」、「染色體」等微觀概念，以至於學生不瞭解親代如何經由生殖過程將遺傳物質傳給下一代；國中教材雖有介紹各種生物事例，也說明細胞分裂的意義，但生殖與遺傳的銜接仍缺少連接；高中教科書雖有介紹遺傳學得「微觀」機制，大多數學生仍無法連結古典遺傳學的觀點(性狀由基因控制)與分子生物學觀點(DNA控制蛋白質的形成，進而影響性狀的改變)。至於演化的概念，黃教授發現學生以「用進廢退」解釋生物演化的發生，混淆「人擇」與「物擇」觀念。黃教授認為國中教材在實驗操作和設計上，不易改變學生的另有概念，反而加深學生誤認「演化有預設及方向性」及「進化才會演化」的想法。高中教材中描述「生存競爭使族群中體弱者或餓死者逐漸被自然淘汰」，也可能使學生誤會「強者即適者」。

相對於傳統「分科課程」內容侷限在小規模與確定範圍的學習，「統整課程」跨越學科界線，連結與整合不同學科知識或教學活動，成為有意義的學習，讓學生在課程中學習相互關連的概念與技能，從中獲得整體的知識與技能及學習態度。第四章「統整教學與學生的統整概念」，林陳涌教授檢討國內九年一

貫統整課程失敗的原因，並指出在自然學科中，生物科學是一個多階層性的學科，最適合使用縱向統整課程的科目。林陳教授說明生物學知識的本質，包括統整性、廣闊性、界線模糊性、多次領域性及獨特性，並以「能量流動及物質循環」為主題，探討七年級學生對「能量流動與物質循環」概念的理解程度。經由學生的概念圖分析，林陳教授發現學生有一條龍式的概念圖、有區塊式的概念圖、和統整的概念圖，只有少數學生能統整外在現象知識與基本物質科學知識。林陳教授呼籲在現代科技進步快速的社會中，許多社會科技問題的解決必須仰賴跨領域整合。最後林陳教授提出一個統整課整模式，供課程發展改革之參考。

從一粒粒細小輕微的種子萌發，到小樹苗的成長，植物的一生有根、莖、葉、花、果實和種子等不同型態、不同功能的器官。第五章「學生關於開花植物生長與發育概念的發展趨勢與特性」，林曉雯教授帶領讀者探索從小學、中學到高中學生對植物生長發與的瞭解。林教授首先分析國內中小學的生物教材，整理教材中生物生長與發育的概念分布，包括生長與發育的定義、植物各階段型態與構造的變化、調節控制、和光合作用與呼吸作用對其影響，再分析學生相關的迷思概念。林教授發現學生有許多天真的想法，例如學童看過果實高掛枝頭，推論果實來自枝條或種子；學童認為土壤或水分能提供植物生長發育及萌芽時所需的養分；種子需要氧氣行呼吸作用，產生萌芽時所需的能量；馬鈴薯的澱粉是根吸收水，水進入植物體內轉換成澱粉。林教授認為學生對開花植物生長與發育是一種心智活動，是多重知識與心中的想法交織形成的結果。林教授建議教師使用概念衝突、類比和後設認知教學策略，促進學生改變原有的想法。

正如交通運輸系統，生物體內也有其運輸機制。第六章「生物運輸概念」，王靜如教授指出當學生學習生物運輸概念失敗時，家長或一般人常懷疑是否老師教學方法失當。其實，學生對於植物體內運輸的物質與運輸機制有一套自己的想法，這些想法與生物學領域的知識不相容，而且不易更改。植物運輸的知識概念很複雜，包含根、莖、葉器官的認識，以及細胞間物質粒子的擴散作用、滲透作用、毛細作用和運輸作用。甚至這些物質粒子運送的過程還會受到環境因素的影響，例如植物種植地區的空氣與溫度都會影響物質運輸的效率。要理解物質在植物體內的運輸機制必須整合相關的物理學與化學的知識。學生對於植物運輸作用的質樸概念可能是對於整體物質運輸的機制缺乏完整且正確的理解，如果老師們能掌握學生對於植物運輸的質樸概念，將有助於設計有效的概

念建構教學。

　　生物學界定義呼吸作用為細胞利用氧，將養分氧化分解，產生能量、水及二氧化碳的過程。第七章「學生對呼吸作用概念的理解」，高慧蓮教授發現學生都忽略細胞層次的呼吸作用，將呼吸作用視為呼吸運動。對於木頭泡水會腐壞、蔬果泡水會爛掉，學生認為是因為吸水太多，忽略了是因為缺少氧氣，細胞不能呼吸而壞死，混淆植物光合作用及呼吸作用的氣體交換的概念。另外有國小學生將葉脈類比血管，可以運輸空氣、水分和養分。國中學生把葉脈解釋成葉子的脈搏，當然也像脈搏一般可以運輸水分、養分及空氣。高教授建議教材編撰者與教師應查覺學生的另有概念，審慎編撰教材與設計課程，也可以利用合宜的教學策略改變學生的另有概念。

　　顯微鏡下的世界總是令人驚艷不已。第八章「國中生學習『細胞』相關課程的研究」，盧秀琴教授從「顯微鏡的操作」的觀點，探討學生操作顯微鏡的技能、對水中微小生物和細胞的理解盧教授發現，將近半數的國中生無法辨識解剖顯微鏡的影像，顯然他們沒有操作過解剖顯微鏡，完全以臆測模式在猜測解剖顯微鏡的影像。國中生學習細胞產生的另有概念，最常發生的是錯誤認知和不當推理。盧教授將學生另有觀念歸類為五類型：化約類型、推理不當類型、經驗誤用類型、記憶連結錯誤類型和認知錯誤類型。最後盧教授以 5E 學習環教學策略設計概念改變教學活動。教學後學生修正許多的另錯誤的概念。盧教授建議國中生物教科書編輯需配合適當的「探討活動」和討論，使概念更清晰。課文要適切的陳述主要概念，避免隱藏另有概念；課文說明應考慮學習者的起點行為，圖表及照片配合文字說明，避免圖片指稱不清或出現罕見的照片範例。

中華民國科學教育學會出版組主任委員　王靜如
國立屏東大學科普傳播學系

目錄 | 生物概念與教學

序言　林曉雯　　　　　　　　　　　　　　　　　　　　　　i
　　　王靜如　　　　　　　　　　　　　　　　　　　　　　ii

第一章　形形色色的生物與系統分類學＼顏瓊芬　　　　　1
　　壹、前言　　　　　　　　　　　　　　　　　　　　　3
　　貳、研究發現　　　　　　　　　　　　　　　　　　　7
　　參、教學建議　　　　　　　　　　　　　　　　　　　15
　　• 延伸閱讀　　　　　　　　　　　　　　　　　　　　22
　　• 附錄
　　　　　附錄一：系統分類學概念圖，以國編版課文文字內容為例　25
　　　　　附錄二：中學系統分類概念命題敘述　　　　　　35

第二章　生態概念＼游淑媚　　　　　　　　　　　　　43
　　壹、前言　　　　　　　　　　　　　　　　　　　　　45
　　貳、研究發現　　　　　　　　　　　　　　　　　　　48
　　參、教學建議　　　　　　　　　　　　　　　　　　　53
　　• 延伸閱讀　　　　　　　　　　　　　　　　　　　　56

**第三章　中學生重要科學概念學習現況及教學改善策略研究：
　　　　　遺傳與演化概念＼黃臺珠**　　　　　　　　　　57
　　壹、前言　　　　　　　　　　　　　　　　　　　　　59
　　貳、研究發現　　　　　　　　　　　　　　　　　　　62
　　參、教學建議　　　　　　　　　　　　　　　　　　　68
　　• 延伸閱讀　　　　　　　　　　　　　　　　　　　　70

- 附錄
    - 附錄一：遺傳概念圖　　　　　　　　　　　　　　　73
    - 附錄二：演化概念圖　　　　　　　　　　　　　　　74
    - 附錄三：遺傳與演化概念問卷　　　　　　　　　　　75

第四章　統整教學與學生的統整概念＼林陳涌　　　　　87

- 壹、前言　　　　　　　　　　　　　　　　　　　　　89
- 貳、九年一貫課程的統整課程與教學　　　　　　　　　89
- 參、統整課程　　　　　　　　　　　　　　　　　　　90
- 肆、生物學知識的本質　　　　　　　　　　　　　　　92
- 伍、「能量流動及物質循環」的學習與教學　　　　　　93
- 陸、結語　　　　　　　　　　　　　　　　　　　　102
- 延伸閱讀　　　　　　　　　　　　　　　　　　　　103

第五章　學生關於開花植物生長與發育概念的發展趨勢與特性＼林曉雯　　　　　105

- 壹、前言　　　　　　　　　　　　　　　　　　　　107
- 貳、開花植物生長與發育概念命題、概念圖、試題、樣本與分析　　　107
- 參、學生關於開花植物生長與發育另有概念與可能原因　　　112
- 肆、教學建議　　　　　　　　　　　　　　　　　　117
- 誌謝　　　　　　　　　　　　　　　　　　　　　　120
- 延伸閱讀　　　　　　　　　　　　　　　　　　　　120

第六章　生物運輸概念＼王靜如　　　　　123

- 壹、前言　　　　　　　　　　　　　　　　　　　　125
- 貳、研究發現　　　　　　　　　　　　　　　　　　127
- 參、教學建議　　　　　　　　　　　　　　　　　　141
- 延伸閱讀　　　　　　　　　　　　　　　　　　　　144

第七章　學生對呼吸作用概念的理解＼高慧蓮　　147
　　壹、前言　　149
　　貳、呼吸作用命題陳述、試題與分析、以及另有概念的形成原因　　150
　　參、研究發現　　154
　　肆、教學建議　　164
　　• 誌謝　　164
　　• 延伸閱讀　　165

第八章　國中生學習「細胞」相關課程的研究＼盧秀琴　　167
　　壹、前言　　169
　　貳、研究發現　　172
　　參、教學建議　　183
　　• 誌謝　　184
　　• 延伸閱讀　　184

【第一章】形形色色的生物與系統分類學

顏瓊芬

靜宜大學生態人文學系教授

Email: cfyen@pu.edu.tw

壹、前言

　　生物本同源,經演化而多樣。瞭解並維護地球上的生物多樣性,是當今非常重要的保育課題之一。而透過生物分類系統,是認識生物多樣性之美有效且關鍵的途(Keogh, 1995)。當人們能感受生物多樣性迷人之處時,自然較容易在保育上貢獻心力,為後代子孫留下美好的環境。演化、生物多樣性與系統分類學的關係,如圖1所示。

　　人類面對複雜多樣的事物時,會運用分類的認知技巧,大幅增進思考或推理的效率。這種能力從四歲就開始了,分類認知結構同時也是發展運思邏輯的基礎(Pulaski, 1980／王文科譯,1982)。若以科學學習的觀點而言,分類也是科學探討過程中所需的重要能力之一(Trowbridge & Mintzes, 1985)。

　　國內中學生物課本所稱的「生物分類」一詞,應該是指「系統分類學」(systematic),或可以翻譯為「科學生物分類」。因為「生物分類」是指任何一種將生物進行分類的行為或處理系統,任何人都可以根據其目的,選擇分類標準及分類群。但是生物學目前所使用的生物分類系統,無論是目前中學課本及博物館廣泛使用,源自林奈,在分類系統實用性與生物演化譜系間力求達到最佳協調的演化分類學(evolutionary classification);或是以演化宗譜分支為唯一標準的支序分類學(cladistics),都是以演化為其理論依據。科學專用、全球統一,與其他科學主張一樣,不但有理論依據,也必須通過科學社群的認可,才能新增、更改分類群集或分類標準。所以生物學中的「系統

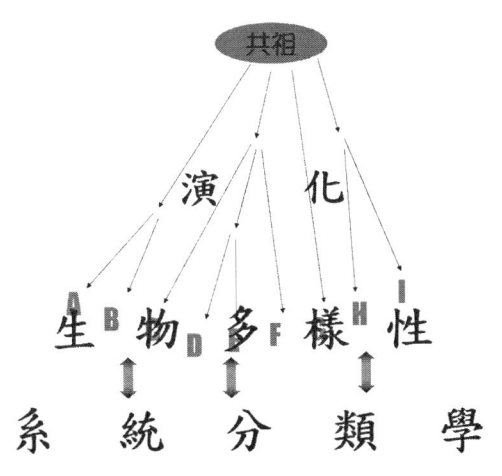

圖1:演化、生物多樣性、系統分類學基本關係圖(姚宗威,2014)

分類學」與「生物分類」並不是同義的詞彙，可是國內中學課本都是用「生物分類」來指稱生物學的「系統分類學」(姚宗威，2014)。

在國小，則有一個運用生物作為材料進行分類教學的單元，也被稱為生物分類單元。許多國小老師，因此認為生物學的生物分類方式，就是運用國小課本中類似檢索表的方式進行。國小該單元強制要求學生學習「二分法」，例如將「有斑點」、「沒有斑點」；具「網狀脈」、不具「網狀脈」分為兩群，層層而下。這個單元引導學生學習最低階的分類方法，再加上國中在「形形色色生物」單元中，所進行類似的檢索表活動。讓許多學生到了高中，仍誤以為科學家就是用類似的方式進行生物分類的研究。

所以，國小名為生物分類的單元，其實質學習內涵，是以生物為對象，學習最簡單的分類技巧，與系統分類學毫無關聯。中學則是企圖運用系統分類學的架構，希望達到引導學生認識生物多樣性中形形色色生物的目的(蓋允萍、鍾昌宏、王國華、張惠博、Unsworth, 2014)。所以教科書所呈現教學目標與教材內涵，讓人感覺是要學生記住現行演化分類學派的系統分類學中的基本架構、規則、上層分類群(界、門)的分類依據、範例物種等。此外，同時也要學習這些生物許多其他的概念，例如生理、型態、生殖方式、棲息環境、與人類的關係等等(姚宗威，2004)。

由此觀點，就不難理解為什麼國中《自然與生活科技》中，各版本教科書的「形形色色的生物」單元，總是以系統分類學為主要學習內容。高中生物在88課綱及95暫綱的規劃中，《基礎生物》的生物多樣性單元，在介紹遺傳、物種、生態系多樣性的概念之後，大部分的篇幅也以系統分類學為架構介紹各種生物。

因為國小相關單元的教學內容，幾乎與系統分類學無涉，所以本書呈現中學的系統分類學概念圖(附錄一)及命題敘述(附錄二)。以利讀者能快速掌握我國中學階段在系統分類學這項教學主題的概念架構，以及重要相關概念。

高中98課綱小組委員，尤其是高中老師代表，一致同意過去課本中看似完整的生物分類系統介紹，對學生的學習而言，不但增加許多瑣碎知識的記憶，也很難達到認識生物演化脈絡，或是認識生物多樣性之美的教學目的。決定刪除與國中課本高度重複的各高階分類群(界、門)的細節介紹，並且朝

向將生物分類系統與演化緊密結合的方向進行規劃。所以教學順序是先介紹演化的科學史，接著介紹共祖和演化的觀念。在瞭解天擇理論的同時，同時建立了介紹系統分類學的基礎(姚宗威，2014)。

無論如何，在中學進行教學實踐後，教師往往很難幫助同學建立系統分類學的概念，也不容易幫助學生針對單元中出現的範例物種進行初步的認識或深入的學習。

其根本原因，是因為學生不但不熟悉該單元中介紹的生物，也不清楚系統分類學的理論基礎、規則與慣例。用一個陌生的系統去學習陌生的事物，已經違反了認知心理學的基本常識。

由以上論述可知，「演化」、「生物多樣性」、「系統分類學」是看似獨立卻密不可分的知識、概念或學習單元。要介紹生物多樣性就會接觸系統分類學(Keogh, 1995)。系統分類學同時也是許多生物學科必要的基礎(Mayr, 1997／涂可欣譯，1999；Cinici, 2013)。但是目前無論國中小各階段「形形色色生物」或「生物分類」單元的教學設計，不容易幫助學生瞭解系統分類學的相關概念，奠定進一步體會生物多樣性之美的基礎。

對學生而言，若缺乏系統分類學的概念或持有另有概念，會對生態學、演化學的有意義學習，造成妨礙或扭曲(Kattmann, 2001; Trowbridge & Mintzes, 1988)，也可能妨礙環境教育實踐的成效(Cinici, 2013)。在一項對奈及利亞學生的生態學另有架構的研究發現(Adeniyi, 1985)，許多學生無法發展出科學上可接受有關食物鏈的理解，可歸因於學生對細菌、菌物及水生植物這些生物分類群所持有的另有概念。這顯示出涉及生物多樣性及系統分類學的另有概念，會對科學教師想要教的其他重要、主要的概念造成重大的影響。

因此，透過有意義的系統分類學教學，學生不但可以達成多種重要的科學知識、概念與技能的學習。同時也是引導學生認識生物多樣性、食物網、生態區位等知識的有效途徑(如圖2)。長期而言，也會反饋到學生的學習，使其學習與現實生活產生更多連結與意義，最終希望學生能夠具備正確的環境覺知，並能夠投入環境行動實踐。

就以上的探討，我們深信形形色色生物或是系統分類學單元，具有重大的科學學習義意。只是目前的教材設計，是利用看似面面俱到，卻違反認知

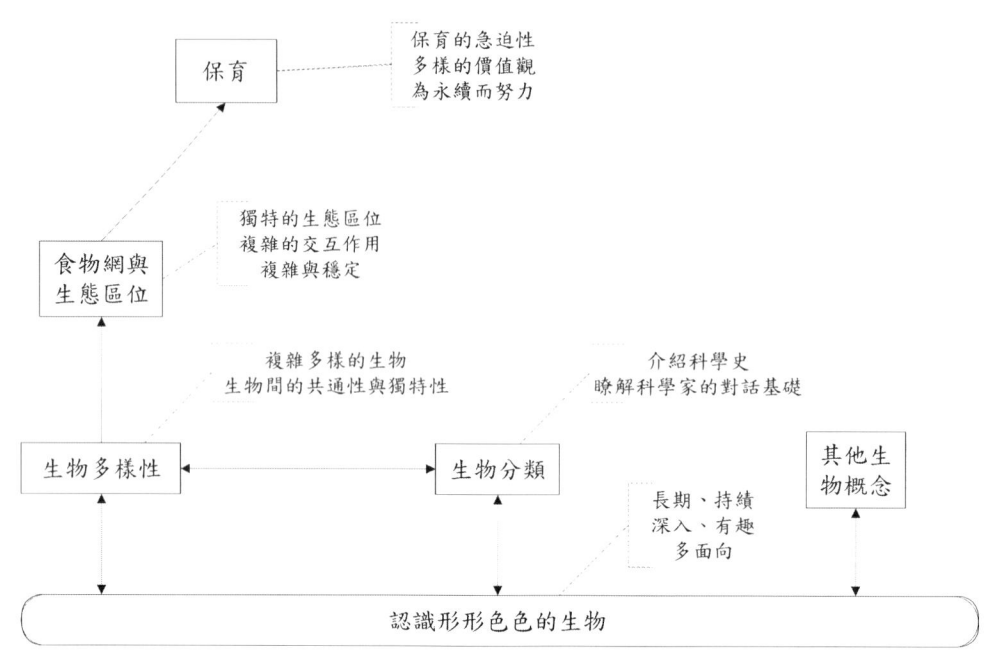

圖2：系統分類學與演化、保育概念架構圖

心理學及建構主義的原則，使用大而無當且無趣的方式，來介紹生物學中最可能引導學生領略生物多樣性之美的單元(姚宗威，2004)。

過去的研究發現，在進行系統分類學單元學習之前，大部分學生不是沒有概念就是持有豐富又固著的另有概念。教學實踐之後，有意義概念改變的情況也不顯著(姚宗威，2004；Kubiatko & Prokop, 2007)。例如，美國有研究顯示，超過85%以上的師範生，雖然已修過高中生物課程，但他們並沒有在需要的時候使用系統分類學的知識(Bell, 1981)。國內針對師範大學生物系職前教師的研究顯示，這些未來將成為中學生物教師的師範生，有46%將穿山甲歸為爬蟲類、27%將彈塗魚歸為兩生類、16%將海豚歸為魚類、9%將企鵝歸為哺乳類。歸納其原因包括：受到外形及明顯特徵、原型、個人的生物觀、學科背景知識不足、日常用語、教學誤導、日常生活經驗等影響(陳柏榮，1993)。土耳其高中生進行動物分類時，他們所使用的分類方法是基於經驗法則，引用的分類依據是：外觀、棲地、營養方式、運動類型和器官功能相似性(Cinici, 2013)。顯示無論國內外，經過中小學階段系統分類學的學習後，學生仍舊持有大量而固著的另有概念。

生物多樣性的概念學習是漫長而複雜的過程，我們永遠不知道學生會在

哪一個瞬間被觸動，進而認同生物多樣性的重要，激發進一步的環境行動或投身保育的行為。但是如果能夠在中小學中的形形色色生物或系統分類學單元，幫助學生進行有意義的學習，建立正確的系統分類學概念，會是建立生態學及演化學相關學習的重要基礎，提供學生觸發對生物多樣性情感悸動的機會。

與其他的科學概念學習相同，以建構主義的觀點而言，在進行教學實踐前，如果老師能知道學生的另有概念狀況。較有可能設計可以產生有意義概念改變的教學方案。有鑑於此，本研究團隊參與科技部前身——國科會的大型研究計畫，負責設計有關系統分類學的二階層試題，施測並分析國內中小學生另有概念的狀態。可以呈現學生典型另有概念的試題及施測結果於下節呈現。

貳、研究發現

影響學生另有概念的因素很多，彼此之間也有非常複雜的交互作用。但複雜的交互影響，並不代表無法呈現單項因素的社會性意義。因此我們仍舊努力抽絲剝繭，逐題、逐項列出討論，嘗試深入瞭解學生另有概念以及其成因，藉以設計及評估有效的教學策略。

概念主題：鳥類的分類依據是身上有羽毛，而非是否具有飛翔能力。

題幹：班上同學到野外郊遊時，看到土雞和飛鼠。有人認為牠們都是鳥類，你認為呢？(圖略)

事實選項：1.只有土雞是鳥類。 2.只有飛鼠是鳥類。 3.都是鳥類。 4.都不是鳥類。

理由選項：A.鳥類應該在樹上築巢。 B.鳥類應該都會飛。 C.鳥類應該都會吃蟲子。 D.鳥類身上應該都有羽毛。

施測對象：國小、國中、高中。

學生答題統計資料由表1呈現之。

根據學生答題資料統計可以發現，同學的答對率，有隨著學習階段漸

表1：鳥類分類依據，學生答題資料統計

事實選項		1			2			3			4		
		國小	國中	高中	國小	國中	高中	國小	國中	高中	國小	國中	高中
理由選項	A	2.05	1.89	1.22	0.47	0.72	0.11	1.11	0.75	0.25	13.45	9.29	5.25
	B	3.24	4.08	3.65	2.57	1.43	0.21	3.89	3.86	2.93	7.70	5.83	3.79
	C	13.93	7.14	3.82	0.91	0.34	0.09	2.35	1.68	0.33	1.97	1.75	0.24
	D	[38.83]	[52.50]	[70.92]	0.84	0.33	0.14	3.70	5.57	3.65	2.65	2.83	3.12

註：表中數字單位為%，方框為答對者的%。

增的趨勢，高中已有超過70%的同學答對。但是國小只有不到40%的同學，國中也只有大約一半的同學答對。對照答錯的數據，可以發現選擇4-A (都不是鳥類—鳥類應該在樹上築巢)組合的同學，雖然比例明顯遞減，但在國小、國中，仍有10%左右。這項選答組合，指出學生會根據鳥類的棲地類型，而將雞排除在鳥類之外。

雖然漢初的《爾雅》或是西方早期的科學生物分類系統，也常以外部形態或棲地特徵作為分類依據，但系統分類學的理論根據為演化。演化的結果，會呈現在特定的生理、解剖或外形特徵。某些分類群(演化群)的生物，經過漫長的演化歷程後，外觀或棲地屬性，常存有高度的變異性，例如：蜥蜴多居住於陸地，四肢適合行走；同屬爬蟲綱的綠蠵龜則多在海中生活，四肢為蹼狀，適合游泳。不同的分類群也可能具有類似的外觀和棲地屬性，例如：海豚與鯊魚都有流線的體型、蹼狀附肢、生活於海洋。因此，棲地屬性不是系統分類學的分類依據，任意選擇的外觀屬性，也不一定是。

但棲地屬性是學生所引用分類依據的主要類型之一，在許多已發表的相關研究中，都提到這個現象(姚宗威、顏瓊芬、邱玉枝，2002a，2002b；陳柏豫，1993；Bell, 1981; Cinici, 2013; Kattmann, 2001; Trowbridge & Mintzes, 1985, 1988; Yen, 2001; Yen, Yao, & Chiou, 2004)。其中在姚宗威等(2002b)的文章中，要求國小、國中、高中的學生，針對十種常見的動物形成個人動物分類系統，並分析學生所引用的依據。結果無論是被引用次數或引用人數，「棲地」屬性都排在第二位，僅次於「明顯的外形特徵」。若分析首先被引用的分類依據，「棲地」屬性則排在首位。這種分類的方式，與系統分類學的概念有很大的差距。

第一章　形形色色的生物與系統分類學

　　若要推測成因，認知心理學的「圖片優勢效應理論」，可以提供合理的解釋。認知心理學的實驗證明，人們對圖片材料的記憶，比對單詞材料的記憶容易，而對情節生動的圖片又比對一般情節的圖片容易記住。Shepard認為，圖片能立即引起記憶中的意象表徵，而意象表徵比語言表徵更好記憶。Paivio認為，記憶的好壞取決於可供選擇的記憶代碼的數量。因為圖片能立即引起記憶中的意象表徵，而意象表徵比語言表徵更容易被記憶(Shepard, 1967，引自彭聃齡、張必隱，2000，頁264)。此外，記憶同時取決於可供選擇得代碼數量，圖片可以產生意象及命名，因此同時可以使用意象代碼及語意代碼，因而能提高記憶成績，超過單純對單詞的記憶(Paivio, 1968，引自彭聃齡、張必隱，2000，頁264)。

　　相對於歷經億萬年的演化歷程，或是嚴謹、繁瑣的系統分類學的演進過程，學生對個別生物所能掌握的資訊非常少。棲地資訊屬於強烈的圖像資訊，因此學生無論是透過媒體或親身經驗，在認知這些生物時，棲地屬性理當占有重要地位。但是在系統分類學中，用以描述、界定各分類群的分類依據，則是可以反映演化脈絡的生物屬性，而且為了具有足夠的排它性，常是多項、彼此關連性不高的多個分類依據合併使用(Mayr, 1997／涂可欣譯, 1999)，而不是引用棲地或其他憑直覺所選定的生物屬性。例如鳥綱的分類依據有：體被羽毛、無尾、口內無齒、前翅為翼、口具喙、眼具瞬膜、骨中空、卵生、恆溫、具脊椎……等等，而不是住在樹上、會飛翔、吃蟲……等等。

　　但是高中階段，選擇4-A (都不是鳥類－鳥類應該在樹上築巢)組合的同學，只剩下5%左右。這是否意味著以上所提到的另有概念，在國小與國中階段的教學歷程中，已經被成功改變了呢？我們根據其他施測試題的資料，可以確定上述的概念改變並未明顯發生。詳細討論在下一題呈現。但高中階段的比例降到5%也是事實。研究者的解釋是：雞雖然缺乏「住在樹上、優異的飛翔能力」這些常見的鳥類屬性，但卻具有「有羽毛、有翅膀、具尖喙、具尖爪」等鳥類的重要屬性。因此隨著年齡的增加，學生可以成功地將雞正確辨別為鳥類。

　　此外，也有約14%的國小學生選擇1-C (只有土雞是鳥類－鳥類應該都會吃蟲子)的答題組合，但到國中、高中階段都逐次減半。這顯示出，國小學生在判斷鳥類時，也許其他動物分類群也一樣，「食物的種類」都是一個重要的根據。但隨著年齡的增加，已逐漸排除食物種類這項不客觀的分類依據。

概念主題：爬蟲類與兩生類的分類依據。

題幹：戶外教學時，同學們在生態館中看到綠蠵龜和鱷魚，有人認為牠們是兩生類，有人認為牠們是爬蟲類，你認為牠們到底是什麼類的動物呢？(圖略)

事實選項：1.兩生類。 2.爬蟲類。

理由選項：A.牠們都用腳來向前爬。 B.牠們都有四隻腳。 C.牠們身體表面粗粗硬硬的可以防水。 D.牠們都可以生活在陸地和水中。

施測對象：國小、國中、高中。

學生答題統計資料由表2呈現之。

表2：兩生類與爬蟲類分類依據，學生答題資料統計

事實選項		1			2		
		國小	國中	高中	國小	國中	高中
理由選項	A	1.20	1.04	0.11	12.6	8.25	5.35
	B	2.41	1.11		4.52	3.63	2.71
	C	1.35	3.57	5.04	2.09	13.60	26.07
	D	62.94	59.92	55.77	12.65	8.08	4.85

註：表中數字單位為%，方框為答對者的%。

透過學生答題資料，可以發現學生的答對率雖然有隨著學習階段漸增的趨勢，但是到了高中階段，答對率仍未超過30%。反而是各學習階段都有60%左右的學生，選擇了1-D (兩生類－牠們都可以生活在陸地和水中)的答題組合。這項結果，指出了兩種另有概念類型，其一是「分類群名詞字意是重要的分類依據」，其二是「棲地屬性是重要的分類依據」。

在上一題的討論中，我們已經指出「棲地」不可能是科學界的生物分類依據，但「圖片優勢效應」以及「分類群名詞的字面意義」，再加上「缺乏對學生有意義的教學歷程」，因此學生誤以為「兩生類」之中的「兩生」所指的「可以生活在陸地和水中」，就是判斷「兩生類」的重要根據。甚至於當學生在第一階已選擇正確的「2.爬蟲類」時，仍有學生(國小：12.65%；國中：8.8%；高中：4.85%)在第二階選擇錯誤的「D. 牠們都可以生活在陸

地和水中」，這種怪異的答題組合。

分類群名詞的字面意義，當然會考慮能夠具有代表性及通用性。但是一個分類群，尤其一般人常聽見的高階分類群中，所包含的多項分類依據，是沒有辦法只用少數兩三個字就可以完全表達出來的。因此，只利用分類名詞的字面意義去聯想出來的分類依據，在大多數的情況下，是沒有辦法契合系統分類學分類群中的生物特徵。

分類單元的名稱，做為資料取出時方便可用的標籤，必須對全世界的科學家意指相同的事物。為了這個實際的理由，分類學家在提供名稱時，有一些規則可依循。但在動物系統中的命名規則，只應用於物種、屬和科上，並不適用於更高的分類單元(Mayr, 1997／涂可欣譯，1999)。而是常利用約定成俗的名詞作為較高分類階層的名稱，例如「動物」、「爬蟲類」、「哺乳類」等。也就是說，名稱僅是個標籤，雖力求具代表作，但不可能涵蓋所有的分類依據。學生在學習科學生物分類概念時，若試圖只利用分類群的名稱，來瞭解或解釋這一分類階層中生物的特性，往往就會發生許多重大的另有概念。例如，有許多學生解釋「兩生類」時，常常僅由其是否能在陸地與水中生活來判斷，因此，鱷魚、烏龜就常常被歸入兩生類(Yen et al., 2004)。其他言語系統也存在類似的情形，Ryman (1977)指出許多學生誤將水母(jellyfish)和海星(starfish)視為魚類，可歸究於語言因素的影響。

透過比較不同語言系統，更能凸顯這一項成因的影響。Villalbi與Lucas (1991)指出英語系國家大部分中、小學生不將蜘蛛，蠕蟲，蝴蝶視為動物，但講西班牙語系Catalan語言的學生不會有此現象。造成這種差異的原因，是因為生物科中有許多概念皆深深地受日常用語所影響，因此語言系統不同，學生持有的另有概念就可能不同。此外，另一項研究也指出，臺灣學生相對於美國學生，認為動物具有「會運動」這一項屬性的百分比，各學習年齡層存在2.5到4.7倍的差異(姚宗威、顏瓊芬，2001)。

另外，選答2-A (爬蟲類－牠們都用腳來向前爬)組合同學，雖然有明顯下降的現象。但施測數據指出，對國小學生而言，「運動方式」也是判斷動物分類群的重要依據。

概念主題：蜘蛛與昆蟲的區分。

題幹：姊姊在房間裡讀書，突然大聲尖叫地奪門而出，原來是看到一隻長腳蜘蛛。蜘蛛被爸爸趕走之後，姊姊害怕地說：「為什麼總是一些超噁心的蜘蛛、蟑螂之類的昆蟲跑到我們家裡，而不是可愛的蝴蝶、瓢蟲呢？」弟弟聽到了以後接著說：「老姊，蜘蛛也很可愛，而且它不是昆蟲呦！」妹妹說：「蜘蛛當然是昆蟲啊！」你認為呢？(圖略)

事實選項：1.蜘蛛是昆蟲。 2.蜘蛛不是昆蟲。

理由選項：A.居住在森林(樹上)。 B.長的小小的，像蟲一樣。 C.昆蟲應該有頭、胸、腹三部分。 D.昆蟲有6～8隻腳。

施測對象：國小、國中、高中。

學生答題統計資料由表3呈現之。

表3：昆蟲分類依據，學生答題資料統計

事實選項		1			2		
		國小	國中	高中	國小	國中	高中
理由選項	A	2.13	2.08	0.49	4.89	1.85	0.08
	B	1.93	0.80	0.08	2.94	2.09	0.08
	C	7.73	11.76	6.87	36.96	42.13	56.43
	D	32.13	30.21	19.25	10.80	8.58	15.93

註：表中數字單位為%，方框為答對者的%。

　　這一題主要是測驗學生是否能清楚分辨昆蟲與其他節肢動物之間的不同，尤其是學生最容易誤認為昆蟲的蜘蛛。施測結果顯示答對率雖然有逐漸增加的趨勢，但是直到高中，也只有不到六成的學生，能清楚分辨蜘蛛並不屬於昆蟲的一員。反而是有20%～30%的學生選擇了1-A (蜘蛛是昆蟲－昆蟲有6～8隻腳)的答題組合。甚至於也有8.58%～15.93%的學生，選擇了2-D (蜘蛛不是昆蟲－昆蟲有6～8隻腳)的怪異組合。

　　這可明顯看出，就算是國一生物下冊已經正式介紹系統分類學的內容，也提到蜘蛛與昆蟲在分類系統中的不同。但仍有許多同學對「昆蟲」持有高度限制性的看法，主要是傾向知覺表向的形態特徵：長的小小的、有許多細

長分節的腳、外殼硬硬的、身體分很多節⋯⋯等等。

　　學生從小就從日常生活的各種資訊來源中，看到或聽到各種分類名詞(例：魚類)中的各別物種(吳郭魚、鮭魚等)，每一個別物種都具有其特殊性。學生從中歸納出一致性，形成某一分類群的原形(原形魚)，特色為特徵少，故包括範圍廣，被用作為日後判斷某一生物是否屬於此分類群(魚類)的依據。隨著接觸更多的個別物種，若遇到不符合原形的個別物種，但已經被權威肯定包括在此分類群中，心中的原形將被修正，特徵更少，以便擴大包含範圍。Roth與Shoben的認知心理學實驗證實：概念的某些例子(成員)原形性較強，對具有較強原形性例子的判斷，如「金絲雀是鳥」，比對非原形性的例子「駝鳥是鳥」要快(Roth & Shoben, 1983，引自彭聃齡、張必隱，2000，頁203)。

　　國外的研究也提出原型的影響，如在美國的一項研究發現，許多學生認為只有陸生、四隻腳的哺乳類才是動物，這是受到家族的相似性及對動物原型認知之影響所致，因為四隻腳、體型大的陸生哺乳動物較符合一般動物的原形(Bell, 1981)。蘇聯的小孩顯然也遭遇類似的困難，在一項研究中顯示，7～14歲的小孩在面對一群動物中較不典型的種類時，大多數依賴明顯的視覺線索而不利用定義的特徵。利如，鯨魚、海豚時常被歸在魚類，而蝙蝠及其他飛行哺乳類被當成「鳥」(Trowbridge & Mintzes, 1985, 1988)。土耳其的高中生則是因為螃蟹有堅硬的外殼，而將其歸類為脊椎動物；蛇因為有柔軟的身體，在地面扭動爬行而被歸在無脊椎動物，這也是受到學生所認知脊椎動物與無脊椎動物原形的影響所致(Cinici, 2013)。

　　傳統講授系統分類學的方式，主要是介紹分類系統後，要求學生記憶分類依據與課文舉例的物種。這種填塞許多零碎片段的知識，而非引導學生自己觀察思考的教學策略，學生當然無法體會科學家發展分類系統的過程與目的(林莞如、王國華，1996)。學生很難因而修正心中的分類群原形，日後又很少再接觸系統分類學的相關知識，所以就繼續持守著授課前的原形模式，沒有發生課程所期待的改變。甚至於可能在日常生活當中使用這些原形時，若沒有很大的矛盾發生，就一直使用，越使用越強化，最後就變成直覺式的判斷。

概念主題：菌物界的分類依據。

題幹：媽媽在超市買了一袋柳丁和一瓶優酪乳，幾天後發現有一顆柳丁長了黴菌。黴菌在生物分類上屬於菌物界，那麼優酪乳中的乳酸菌是不是也屬於菌物界呢？(圖略)

事實選項：1.是。 2.不是。

理由選項：A.黴菌的細胞有細胞核，乳酸菌沒有。B.它們都生長在潮濕的環境。C.黴菌有害人體，乳酸菌對人體有益。D.名字都有「菌」字，應該都是菌物界。

施測對象：高中。

學生答題統計資料由表4呈現之。

表4：菌物界分類依據，學生答題資料統計

事實選項		1	2
理由選項	A	4.38	52.28
	B	14.35	0.51
	C	14.93	6.80
	D	6.20	0.08

註：表中數字單位為%，方框為答對者的%。

　　本題只有針對高中生施測，答對率略超過一半。選擇1-B (乳酸菌屬於菌物界－它們都生長在潮濕的環境)及1-C (乳酸菌屬於菌物界－黴菌有害人體，乳酸菌對人體有益)，都在14%左右。「乳酸菌」與「細菌」都是學生熟悉的名詞，但這些學生將「乳酸菌」歸入他們比較不熟悉的「菌物界」。選擇1-C的學生，是因為對微生物持有「細菌是對人體有害」的刻板印象，並將其運用在微生物的分類上，所以無法認同乳酸菌是屬於「對人體有害的細菌」。這是屬於利用生物與人類關係，作為分類依據的另有概念類型。

　　而選擇1-B的同學，則是因著自己的生活經驗，或是運用國中生物課本中所提到：「黴菌生長在陰暗潮溼處」，這種有關菌物生長環境(棲地)特色的描述，來作為菌物的分類依據。

綜合以上，我們發現，在系統分類學的概念主題上，學生普遍持有雷同的另有概念，這些另有概念往往源自於天賦的認知或語言能力。「原型」、「分類群字面意義」、「棲地」，是普遍存在國小到高中的另有概念類型。「食物類型」及「運動方式」所造成的另有概念，則是在國小階段學生持有的比例較高，國、高中階段則有明顯的改善。至於在微生物的分類群判斷上，部分高中學生則是錯誤引用「微生物與人類的關係」作為分類依據。

平心而論，學生持有上述的另有概念，在日常生活中並不會造成不便。但是透過系統分類學的學習，是認識生物之美以及瞭解生物多樣性有效且關鍵的途徑。所以，如果能在學校的教育過程中，有效地幫助學生學會系統分類學的原理與簡單規則，學生就更有機會深入理解有興趣的分類群中的多樣生物。

但目的再崇高，學習如果忽視了學生本身的興趣和目標，那對學生而言，將不會是個有意義的成長歷程。在最糟的情況下，如同杜威所擔憂的：「學生們的生命，會因為一個遠在天邊的目的而有系統地被犧牲掉。」(Noddings, 1995／曾漢塘、林季薇譯，2000)。

下一節，根據研究團隊的教學經驗與研究，提供各階段考量學生的興趣、目標，重新思考分類或系統分類學，以及形形色色生物單元教學的建議。

參、教學建議

前面兩節，陳述了系統分類學是引領學生進入生物多樣性學習的關鍵途徑。但是目前國中小教學設計存在某些問題，學生經歷學校的正式教學後，仍舊持有豐富另有概念。

本節將呈現研究團隊對於各階段的教學建議，這些建議部分已經透過教學實踐進行驗證。有些則是根據研究團隊中，透過具有豐富教學經驗的中小學教師，在多次研究會議中，與科學教育專家反覆討論後所形成。

目前在國小教學現場，生物觀察的相關課程，教學對象常以少數的動植物為主，學習重心很少超越教科書所提供的範例物種。研究團隊認為國小階段的教學重點不是系統分類學的概念，而是應該讓學生從小有機會在學校教

育中接觸各種生物，最好是能夠直接進行觀察，場所可以是校內或校外。能更廣泛地接觸、討論、瞭解各種生物，達到幫助學生建立先前、多樣、多重知覺例子的目的(Trowbridge & Mintzes, 1988)。

觀察生物的對象，可以是常見的寵物(如：貓、狗)、都市生物(如：麻雀、老鼠)、動物園明星(如：大象、長頸鹿、老虎)、常見昆蟲(如：蠶寶寶、蝴蝶、蟑螂)；校園常見植物(如：榕樹、大王椰子)等。也應該包括過去在教科書中容易被忽略，但是在日常生活中不難見到的生物，例如：苔癬、蜘蛛、馬陸、黴菌、蕨類、車前草、仙丹、果蠅……。

觀察生物的選擇，也應該考慮地方的特性，例如在漁港附近的學校，可以帶領學生觀察各種魚獲；在山上的學校，根據海拔的不同，選擇適合觀察的動物、植物、菌物。在都會區的學校，只要帶學生到附近的公園，仔細觀察，也可以發現許多平常容易忽略的有趣生物。

觀察生物的教學計畫，應以學期為單位，規劃多次的生物觀察課程，除了思考如何進行多種、多樣的生物觀察外，也可以融入其他的教育種題，例如：生命教育、永續經營教育、環境教育、海洋教育……。

至於國小的分類概念教學，教學重心在於精煉學生的分類技能。因此，應該用更開放的方式幫助學生選擇適合的分類依據，也就是可以符合分類目的，並具有足夠排他性的特徵。如果分類系統是多人共用，則分類依據也要具有足夠的客觀性，不要強迫學生使用「是」與「不是」的二分法，也不建議利用生物作為分類對象。因為國小所學的下行分類模式，乃是將母群體中的所有個體，根據所選定的分類依據，區分為不同子群體，層層而下。學生日後在國中或高中所學習的系統分類學，則是上行分類模式，是將演化關係接近的物種，聚集為「屬」，再選出與其他不同屬具有足夠排他性的客觀屬性作為分類依據，層層而上。此外，學生在運用生物進行分類時，最常用引用的分類依據是明顯外型特徵與棲地等屬性，這正是學生在學習系統分類學時常見的另有概念類型。

換句話說，如果在國小利用生物作為學習分類技能的目標物，不但與日後國中所學習的系統分類學概念邏輯相反，而且可能會加深學生誤以為個人任意選擇的生物屬性，就是系統分類學中分類群所運用分類依據的另有概念。

筆者曾經在彰化某所國小，利用文具的照片進行三年級學生的分類教學活動。文具是學生熟悉的物件，而且具有多樣、複雜的屬性，適合學生用來選擇分類依據。在經過簡介後，將學生分組，各組在海報紙上形成他們的分類系統。完成後，各組向全班報告分類系統如何形成。最後透過同儕的討論及老師的引導，幫助學生學會如何選擇適當的分類依據，也就是容易觀察、客觀、具有足夠排他性。整個教學過程學生十分投入、討論熱烈，最終也得到預期的教學效果。

　　綜合而言，國小在生物觀察教學的原則，在於長期、多樣、地方與體驗，也可以與其他教學主題結合。分類教學的原則，在於精煉學生分類技能，選擇適合的分類群與分類依據，但不建議用生物作為分類的例子。上述教學原則與建議，不但可以達到學生從小親身體驗多樣生物的有趣、美妙之處，以及提升分類能力的目標。同時為國中、高中階段的系統分類學教學奠定堅實的基礎。學生在長期、持續、多樣且深入地瞭解許多物種之後，老師在介紹科學生物分類單元時，可以順利引用，也更容易將學習重心，放在建構學生的相關概念，及正確的概念連結。

　　國中的生物課程中，長期存在意圖利用系統分類學幫助學生認識形形色色生物的教學單元。但是這樣教學設計，存在很大的問題。研究團隊透過教科書分析、課室觀察、二階層試題及晤談等各種研究方法所得到的結果。證明若是用第三人稱的方式，在系統分類學的架構下介紹現今世界上所存在的多樣生物，並同時想要達到以上兩項教學目標。不但極難達到原訂的教學目標，而且會對教學產生許多限制，甚至造成許多不可忽略的負面影響(姚宗威，2004；姚宗威、顏瓊芬，2006)。

　　例如，為了達到「完整」介紹各種生物的目的，在這個單元中學生要面對的概念之多，概念連結之複雜，簡直到了令人咋舌的程度(姚宗威，2004)。學生也不太可能在平鋪直敘的課文中，區分那些屬性可以被引用為系統分類學所使用的分類依據，結果還是用自己原來的那一套。

　　而且，為了應付考試，學生學習的重心不是建立系統分類學的基本概念，也不是認識更多的生物，往往淪於記憶課本中被介紹的物種與知識。學生沒有選擇的權利，老師也習以為常，反正記住就對了，因為考試就是考這些東西！

綜合以上，研究者主張本單元的教學目標，應修改為概括性較大的「介紹科學生物分類系統」，以及「認識生物圈的生物及其特性」。前者在教學上的挑戰，是在對抗學生豐富多樣且頑固的另有概念，進而讓學生瞭解科學家在這項科學主題上的對話基礎。後者則是建立學生瞭解現存於世上多樣生物的基礎，打開體會生物多樣性之美的窗口。

第一項教學目標「介紹科學生物分類系統」，在教學上的挑戰，是對抗學生多樣且固著的另有概念。科學生物分類相較於其他科學主題，具有濃厚的人為色彩、工具性強、富妥協色彩、內涵龐大複雜的特質。這意味著，老師面對的挑戰，在於向學生介紹「科學家目前是這樣在處理」，而不是「這是目前科學家所相信的」。因此，老師或課程設計者，必須營造有意義的概念衝突情境，才有可能憾動學生的另有概念，幫助學生瞭解科學家的對話基礎。

研究者主張將科學生物分類系統，設定為「字典」的角色介紹，教學重點在系統的原理、閱讀方法及少數有意義的案例，而不是要記住所有細節。建議設計以學生為主體的活動，迅速且大量地引發學生的另有概念，並提供有意義的概念衝突情境。這點與Trowbridge與Mintzes (1985)的主張相符。並且藉由科學史的介紹，幫助學生瞭解科學生物分類的人為色彩與不確定性。分類群的介紹應該聚焦在少數重要的分類群，而且要提供明確的分類架構、分類依據，再配合典型及非典型的範例物種，詳加解釋。

但是學生的概念轉變通常是一個緩慢而漸變的歷程，老師在教學過程中，必須提供對學生有意義的概念衝突情境，學生才有可能真的發生概念轉變。

至於所謂對學生有意義的概念衝突，是指教學情境中，要能夠讓學生對原有的概念感到不滿意，而情境中又能及時提供看似合理，而且可以被學生理解的新概念。此外，提供概念改變的動機也十分重要，例如讓學生領會新概念在各方面有延伸應用的可能性等等。

依此理論，在科學生物分類學習單元，有意義的教學情境、學生的另有概念系統及科學家的概念系統，這三者之間的關係，以圖3表示之。

由圖3可以發現，就學習動機而言，因為科學生物分類系統，是科學家處理現存多樣生物的工具，因此除了學習的成就感，以及外控導向的成就測

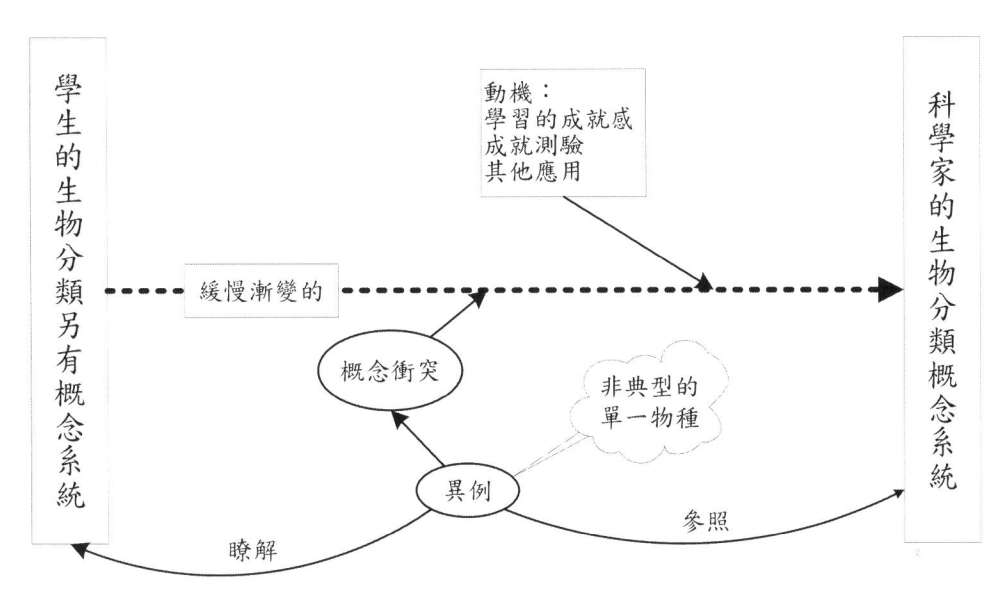

圖3：系統分類學單元，有意義的教學情境系統關係圖

驗之外，老師很難讓學生藉由領會這方面學習的重要性或有意義的延伸，而產生學習的動機。所以在這個單元要引發學生的學習動機，有相當的困難度存在。

以下是根據上述理論，所設計的系統分類學教學單元建議：

第一階段，將學生分組(每組4～6人，全班4～5組)，分配給每組一些不太會有另有概念的動物(例如：人、狗、麻雀、燕子、青蛙、蜥蜴、吳郭魚、鯉魚)，要求各組形成分類系統，並紀錄分類依據(在這個階段，學生大多會利用與分類群名詞有關的形態與棲地屬性)。各組的結果呈現後，互相討論及批判，用以形成全班都能接受的分類系統。因為脊椎動物下的分類群(魚類、兩生類、爬蟲類、鳥類、哺乳類)學生並不陌生，所以可以預期學生會利用這些分類群，如果不完全一樣，這時老師可以介紹分類的科學史，再利用前一課程單元(演化)的概念引導出現行的分類體系，但不要增加學生沒有利用的分類依據。

第二階段，再分派給每一組學生常存有另有概念的動物(例如：綠蠵龜、企鵝、蝙蝠、河豚、鱷魚、海豚)，要求各組將之納入分類群中，各組討論出結果後呈現，再一次地互相討論及批判，這一次應該會有不同的結果而導出的豐富討論，在老師的適度引導下，讓學生提出相對客觀的分類依據

作為討論的基礎。如果情況順利，學生應可形成合理的分類結果，老師可以指出在第二次的討論中，所增加的分類依據有何意義：

一、當初科學家也是主要運用外部形態與棲地特徵作為分類依據。

二、現行的分類體系，主要是依據演化(但因為實用的目的，與分類的體系並不完全相同)。

三、在長時間的演化之後，有些分類群(演化群裡面的生物，可能在外觀上，或棲地屬性上有高度的變異性(例如：蜥蜴與綠蠵龜)。也有可能不同的分類群具有類似的外觀和棲地屬性(例如：海豚與鯊魚)。

四、因此，在外觀和棲地的屬性無法作出具有邏輯性的分類系統時，就有需要選擇相對較客觀的屬性作為分類依據，而且常常要同時考慮多個分類依據。

五、分類群名詞的字面意義，當然會考慮能夠具有代表性及通用性。但是，一個分類群(尤其是中學所介紹的高階分類群)中所使用的多項分類依據，是沒有辦法只用少數兩三個字就可以完全表達出來的。因此，只利用分類名詞的字面意義去聯想出來的分類依據，在很多情況下，是沒有辦法做出符合現行科學體系的分類結果的。

第三階段，老師提供一些學生不太熟悉的動物(例如：穿山甲……)，讓學生練習使用這些分類依據作分類的工作，應用並驗證他們所學習的系統分類學概念是否可以順利將不熟悉的生物進行分類。

至於第二項教學目標「認識生物圈的生物及其特性」，目前國內中小學生生物科的教學，偏重「生物學」的各項概念，章節名稱與大學生物系的科目名稱雷同。卻很少有機會帶領學生「學生物」，帶領學生親身接觸、瞭解多樣生物。整體課程設計，彷彿是為了未來的大學生物系學生做準備。對其他非生物科系傾向的學生而言，離開中學後，就體驗生物多樣性之美而言，透過諸如植物的運輸、多基因遺傳、細胞的構造與生理等單元的學習經驗，效果遠低於形形色色生物單元的引導。但是無論從那一個角度思考，都不可能利用某一個教學單元，介紹地球上繽紛多樣，每一種都值得讓人深入探索的生物。

因此研究者主張，應長期、持續、深入、多面向地，逐一介紹各種生

物。物種的選擇及收集資料可以經由多元途徑，每週介紹1～2種。物種的選擇及相關資料的收集，可以來自教科書的設計者，但最好是老師與學生的自由選擇。學習方式可以是多元的，例如：口頭報告、書面報告、觀察報告、攝影作品分享、散文、戲劇、海報、主題週⋯⋯。

若從國小開始，國小可累積180～360種，到國中則有270～540種，扣除重覆，也應該有200～400種。不但數量上遠超過原本在「形形色色的生物」單元內所能介紹的物種。在質的方面，不但更深入有趣，也可以擺脫偏重瑣碎知識的背誦學習。Trowbridge與Mintzes (1988)也主張讓學生能從小在學校中接觸各種動物，達到在學生印象中建立先前、多樣、多重知覺例子的目的。學生在長期、待續、多樣且深入地瞭解許多物種之後，老師不但在介紹科學生物分類單元時，可以順利引用，在其他生物的教學單元，也因為學生對多樣生物有普遍且深入的瞭解，相關概念可以相互援引，達到加成的教學效果。

在高中階段，生物科的教學偏重抽象概念的學習。98課綱之後，系統分類學的單元刪除了各高階分類群(界、門)的細節介紹，而是與演化的概念更加緊密結合。教學順序是先介紹演化科學史，接著介紹共祖和演化的觀念。期望學生在瞭解天擇理論的同時，同時建立學習系統分類學的基礎。

高中老師在教學時，建議順著上述脈絡，介紹幾種常被使用的生物分類體系，並透過介紹「界」的演變，或是「域」的出現，來強調系統分類學具有演化的理論基礎，以及藉由系統分類學重建親緣關係的重要性。隨著新證據的出現，對於分類群演化脈絡的主流看法改變，系統分類學也會隨之更動。事實上，各學派往往就是透過對過去高階分類群的批判，來凸顯新的生物演化觀點的價值。

接下來的主題是介紹生物種的概念，最後加入重建生命樹的概念介紹，藉由「鳥」在演化分類學派的分類系統中尷尬的地位，一方面重新統整、回顧上述的學習脈絡；一方面也強調無論是界、門或其他分類階層，都可能根據新證據的出現而被修正(姚宗威，2014)。

系統分類學的學習，更重要的目的是引領學生進領會生物多樣性之美的路徑。在不同的學習階段，意圖造成學生概念改變的教學，應設計引導學生主動學習的教學，營造有意義的概念改變學習情境。至於形形色色生物的教

學，則是應長期、多樣地幫助學生親身體驗、親近生物，由近到遠、由大到小、由陸地到海洋⋯⋯。讓學生能在學校有更多的機會「學生物」或「向生物學習」，而不是僅止於學習由專家提供的「生物學」知識。

延伸閱讀

1. Mayr, E. (1999)。看！這就是生物學(*This is biology: The science of the living world*；涂可欣譯)。臺北市：天下遠見。(原作出版於1997年)
2. Noddings, N. (2000)。**教育哲學**(*Philosophy of education*；曾漢塘、林季薇譯)。臺北市：弘智文化。(原作出版於1995年)
3. Pulaski, M. A. S. (1982)。兒童的認知發展導論(*Understanding Piaget: An introduction to children's cognitive development*；王文科譯)。臺北市：文景。(原作出版於1980年)
4. 林莞如、王國華(1996年，12月)。**合作學習在國中脊椎動物單元實施成效之探討**。發表於中華民國第十二屆科學教育學術研討會。彰化市：國立彰化師範大學。
5. 姚宗威(2004)。**探究國中生物科「形形色色的生物」單元之教與學——以課室觀察及教科書分析的角度**。未出版之碩士論文，靜宜大學生態學研究所，臺中縣。
6. 姚宗威(2014)。演化中的高中生物演化單元。**生物搜查線**，**12**，6-9。
7. 姚宗威、顏瓊芬(2001年，12月)。**中文與英文對生物分類概念學習造成的不同影響**。發表於中華民國第十七屆科學教育學術研討會。高雄市：國立高雄師範大學。
8. 姚宗威、顏瓊芬(2006年，3月)。**我們的教科書幫了學生多少忙——國中生物國編版教科書「生物圈的生物」單元之分析研究**。發表於促進科學概念理解暨後續研究研討會。彰化市：國立彰化師範大學。
9. 姚宗威、顏瓊芬、邱玉枝(2002a年，9月)。**中學生動物分類另有概念二階試題之研究與限制**。發表於中華民國第十八屆科學教育學術研討會。彰化市：國立彰化師範大學。
10. 姚宗威、顏瓊芬、邱玉枝(2002b年，9月)。**探究中小學生動物多樣性的另有概念——以個人所引用之分類依據為例**。發表於中華民國第十八屆科學教育學術研討會。彰化市：國立彰化師範大學。
11. 陳世驤(2001)。分類學【胡喬木主編】。蒐錄於中國大百科全書智慧藏——生物學百科光碟【CD】。臺北：智慧藏學習科技公司。
12. 陳柏榮(1993)。**職前生物教師動物分類另有概念之研究**。未出版之碩士論文，國立彰化師範大學科學教育研究所，彰化市。

13. 彭聃齡、張必隱(2000)。**認知心理學**。臺北市：東華書局。
14. 蓋允萍、鍾昌宏、王國華、張惠博、Unsworth, L. (2014)。以視覺設計文法比較臺澳科學教科書圖像──以七年級生物分類單元為例。**科學教育學刊**，**22**(2)，109-134。
15. Adeniyi, E. O. (1985). Misconceptions of selected ecological concepts held by Nigerian students. *Journal of Biological Education*, *19*(4), 311-316.
16. Bell, B. F. (1981). When is an animal, not an animal? *Journal of Biological Education*, *15*(3), 213-218.
17. Braund, M. (1991). Children's ideas in classifying animals. *Journal of Biological Education*, *25*(2), 103-110.
18. Campbell, N. A. (1996). *Biology* (4th ed.). San Francisco, CA: Benjamin-Cummings.
19. Cinici, A. (2013). Turkish high school students' ideas about invertebrates: General characteristics and classification. *International Journal of Environmental & Science Education*, *8*(4), 645-661.
20. Kattmann, U. (2001). Aquatics, flyers, creepers and terrestrials -- Students' conceptions of animal classification. *Journal of Biological Education*, *35*(3), 141-147.
21. Keogh, J. S. (1995). The importance of systematics in understanding the biodiversity crisis: The role of biological educators. *Journal of Biological Education*, *29*(4), 293-299.
22. Kubiatko, M., & Prokop, P. (2007). Pupils' misconceptions about mammals. *Journal of Baltic Science Education*, *6*(1), 5-14.
23. Prokop, P., Prokop, M., & Tunnicliffe, S. D. (2008). Effects of keeping animals as pets on children's concepts of vertebrates and invertebrates. *International Journal of Science Education*, *30*(4), 431-449.
24. Ryman, D. (1977). Teaching methods, intelligence, and gender factors in pupil achievement on classification task. *Journal of Research in Science Teaching*, *14*(5), 401-409.
25. Trowbridge, J. E., & Mintzes, J. J. (1985). Students' alternative conceptions of animals and animal classification. *School Science and Mathematics*, *85*(4), 304-316.
26. Trowbridge, J. E., & Mintzes, J. J. (1988). Alternative conceptions in animal classification: A cross-age study. *Journal of Research in Science Teaching*, *25*(7), 547-571.
27. Villalbi, R. M., & Lucas, A. M. (1991).When is an animal not an animal? When it speaks English! *Journal of Biological Education*, *25*(3), 184-186.

28. Villee, C. A., Solomon, E. P., & Davis, P. W. (1985). *Biology*. Philadelphia, PA: Saunders College Publishing.
29. Yen, C.-F. (2001, August). *Alternative conceptions in biodiversity: A cross-age study, focus in animal classification*. Paper presented at the 86th Annual Meeting of Ecology Society of America. Madison, WI.
30. Yen, C.-F., Yao, T.-W., & Chiou, Y.-C. (2004). Alternative conceptions in animal classification focusing on amphibians and reptiles: A cross-age study. *International Journal of Science and Mathematics Education, 2*(2), 159-174.

第一章　形形色色的生物與系統分類學

附錄

附錄一：系統分類學概念圖，以國編版課文文字內容為例

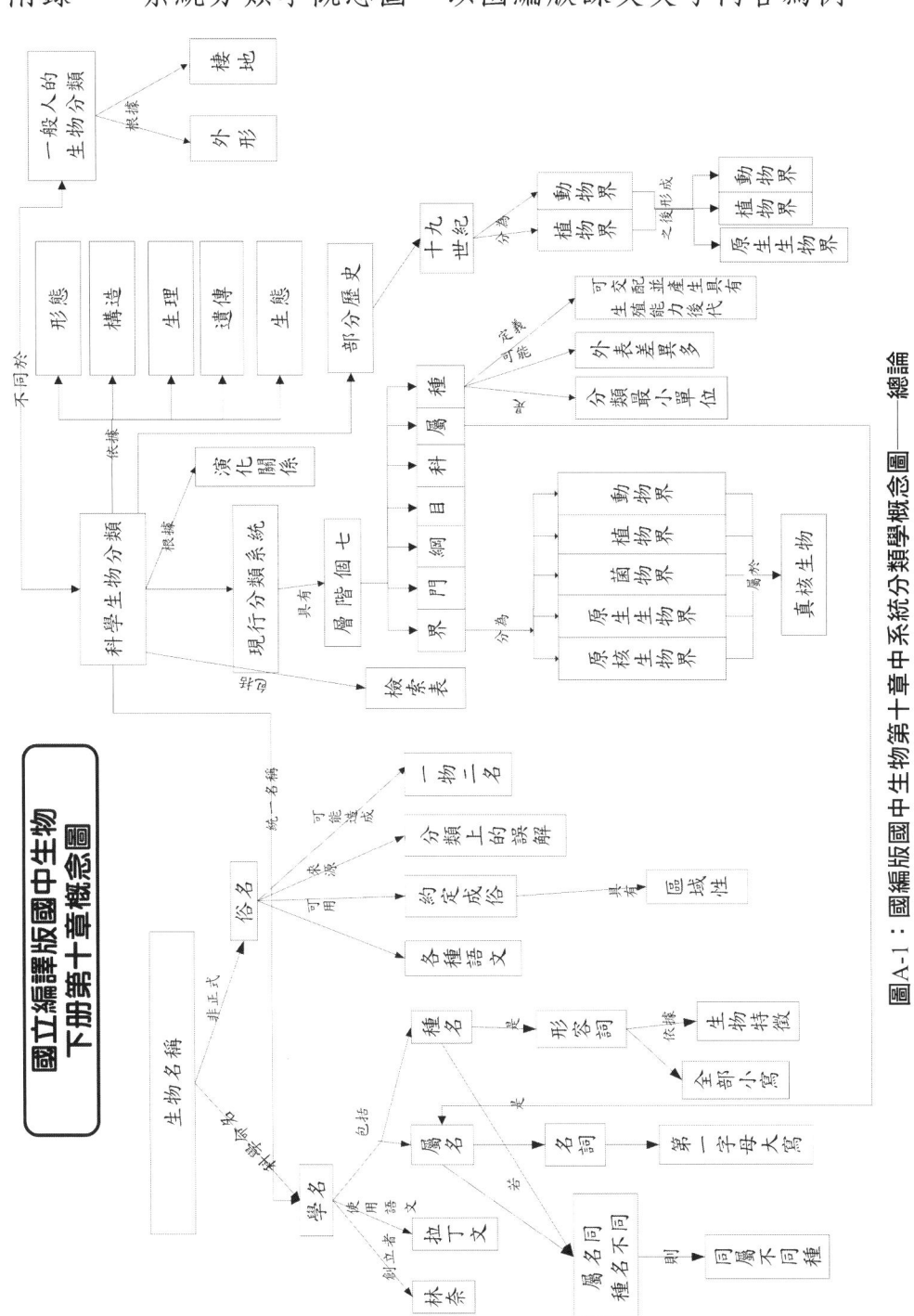

圖A-1：國編版國中生物第十章中系統分類學概念圖——總論

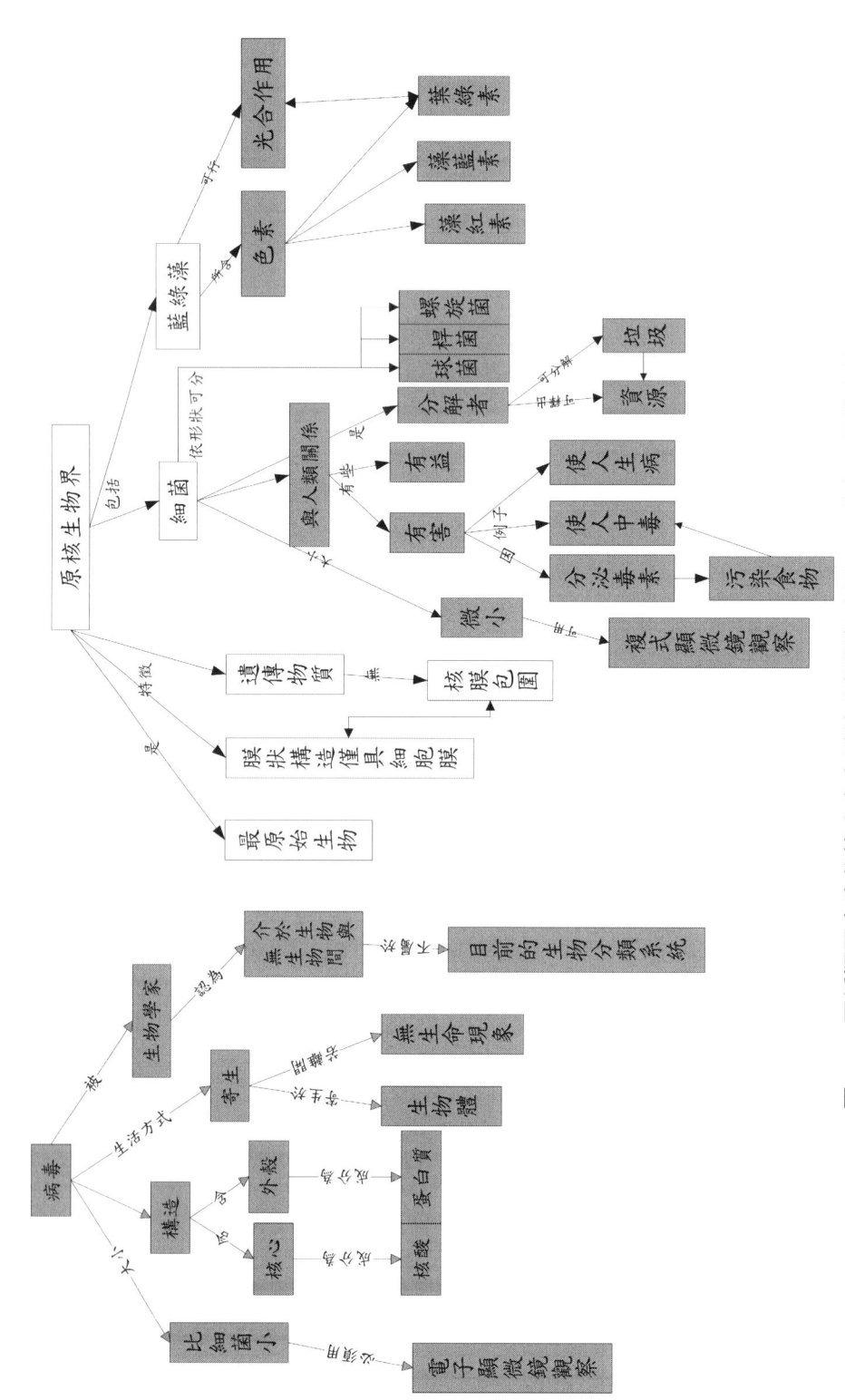

圖A-2：國編版國中生物第十章中系統分類學概念圖──病毒、原核生物界

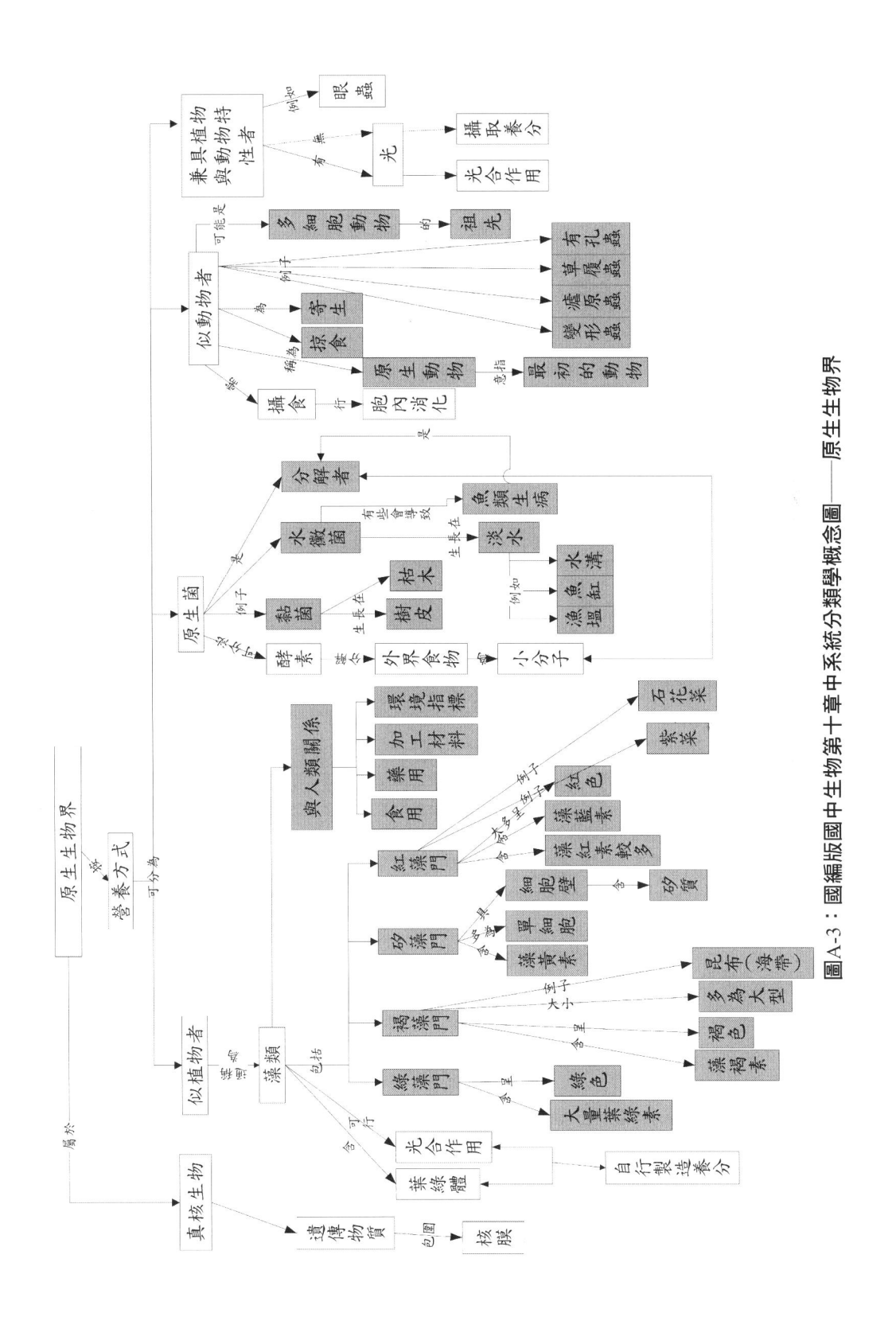

第一章　形形色色的生物與系統分類學

圖A-3：國編版國中生物第十章中系統分類學概念圖——原生生物界

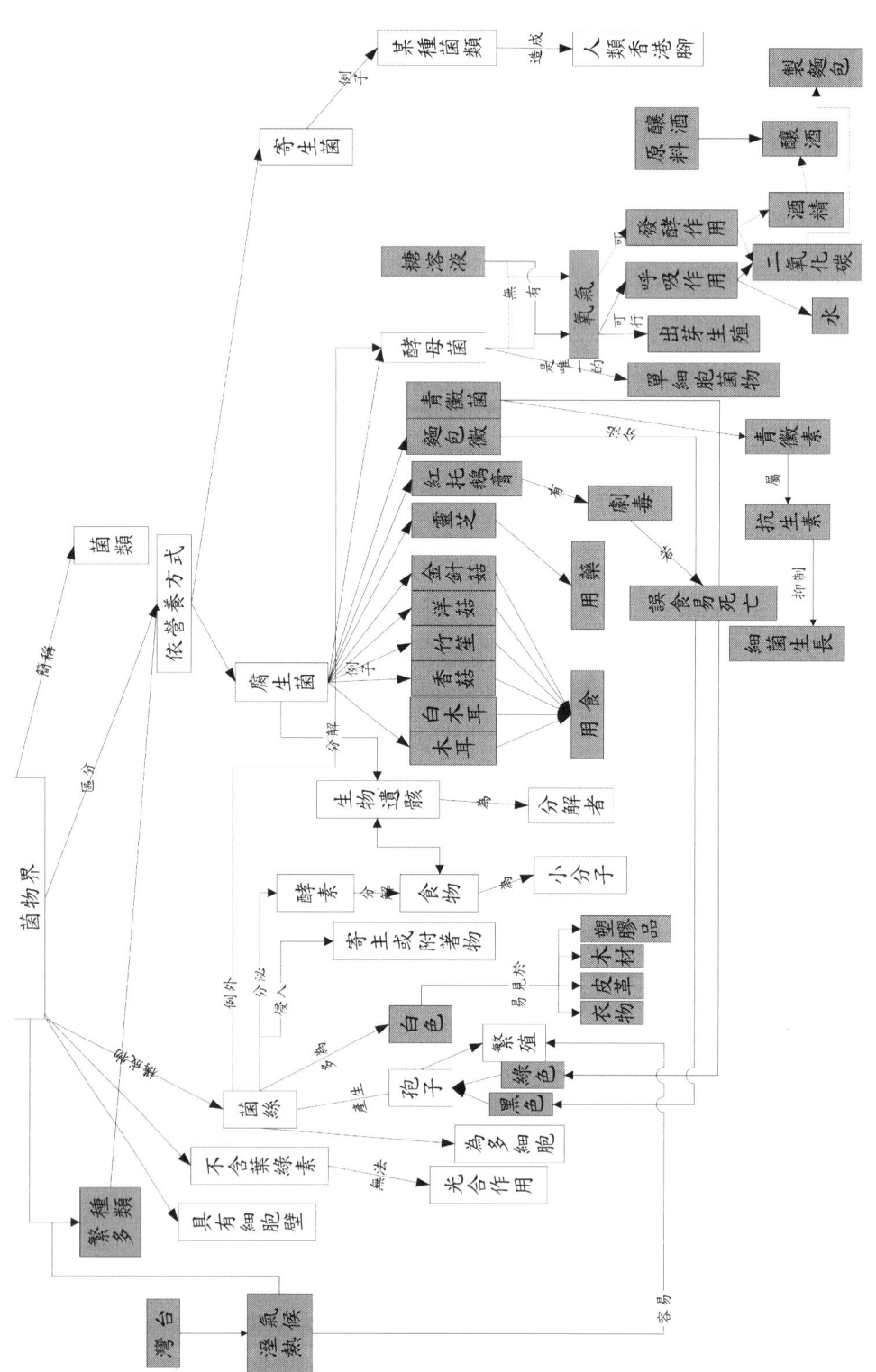

圖A-4：國編版國中生物第十章中系統分類學概念圖──菌物界

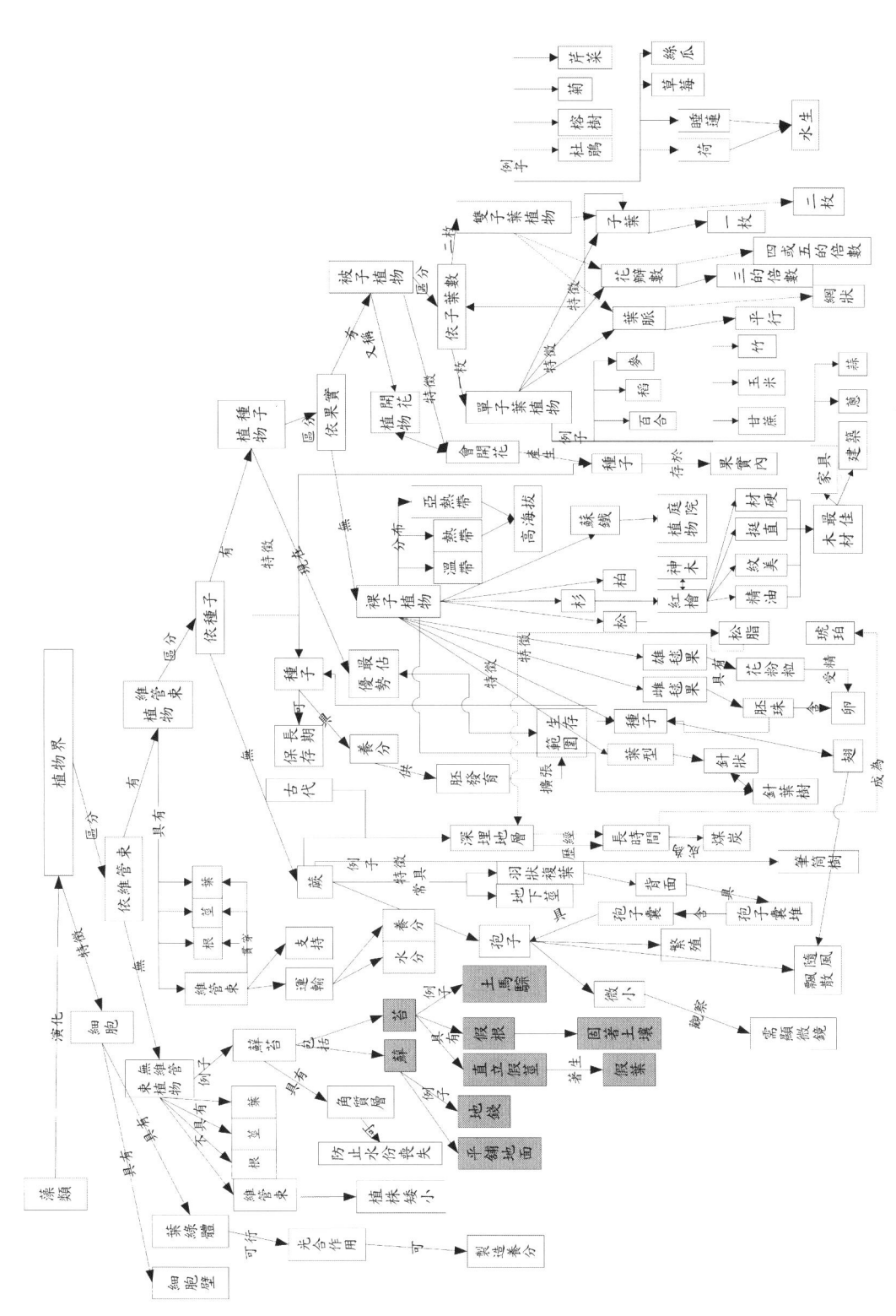

第一章　形形色色的生物與系統分類學

圖A-5：國編版國中生物第十章中系統分類學概念圖——植物界

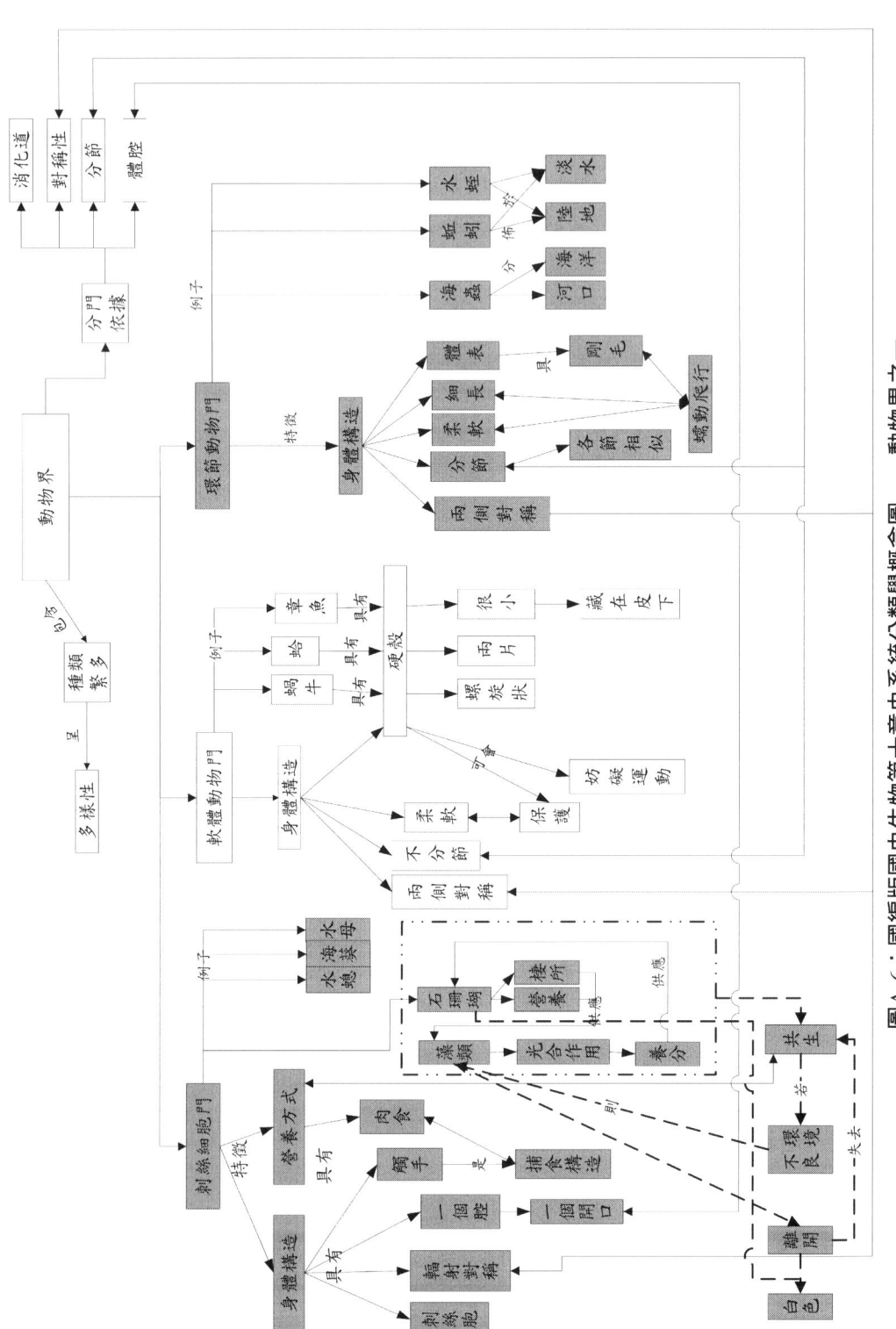

圖A-6：國編版國中生物第十章中系統分類學概念圖──動物界之一

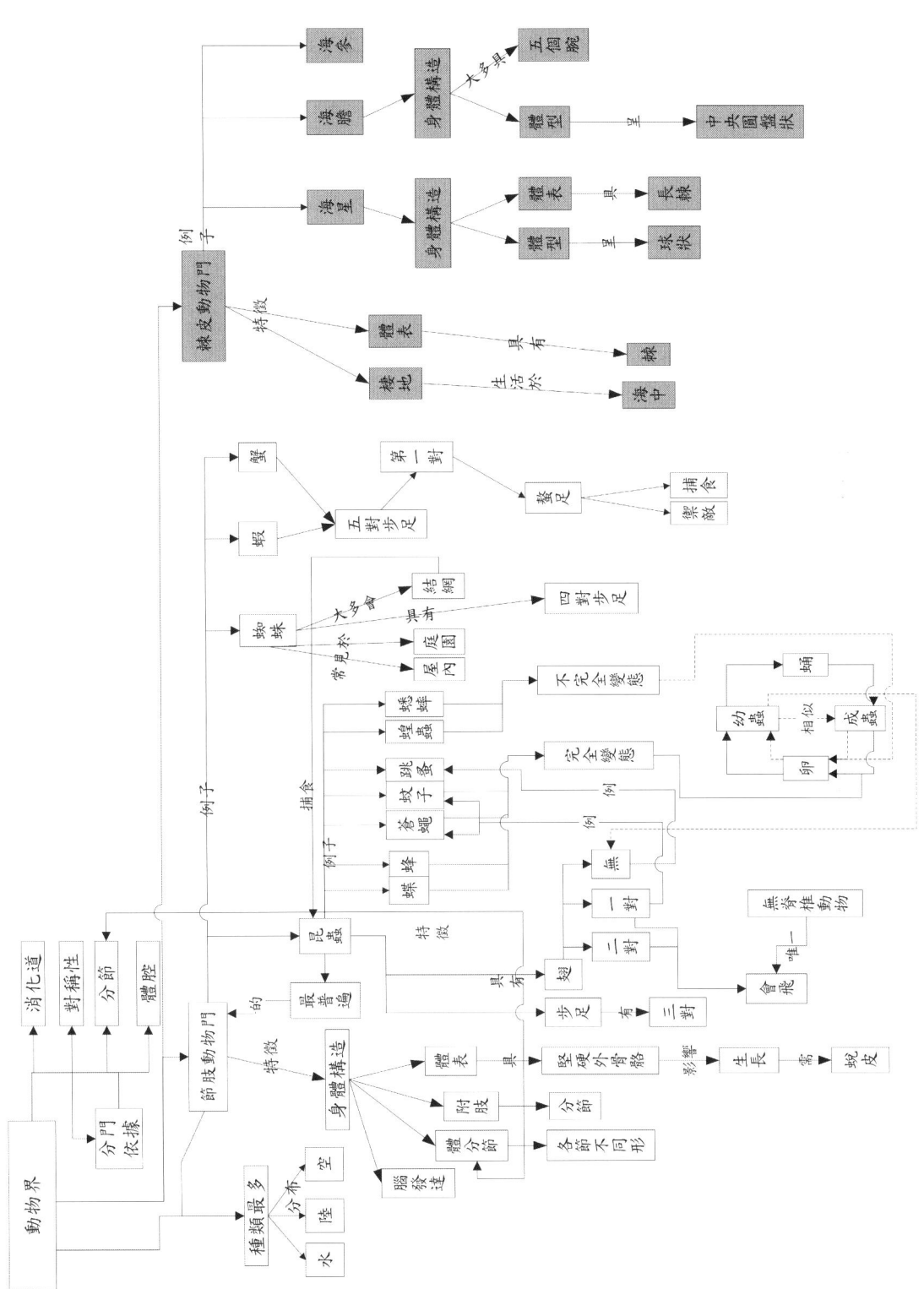

第一章　形形色色的生物與系統分類學

圖A-7：國編版國中生物第十章中系統分類學概念圖——動物界之二

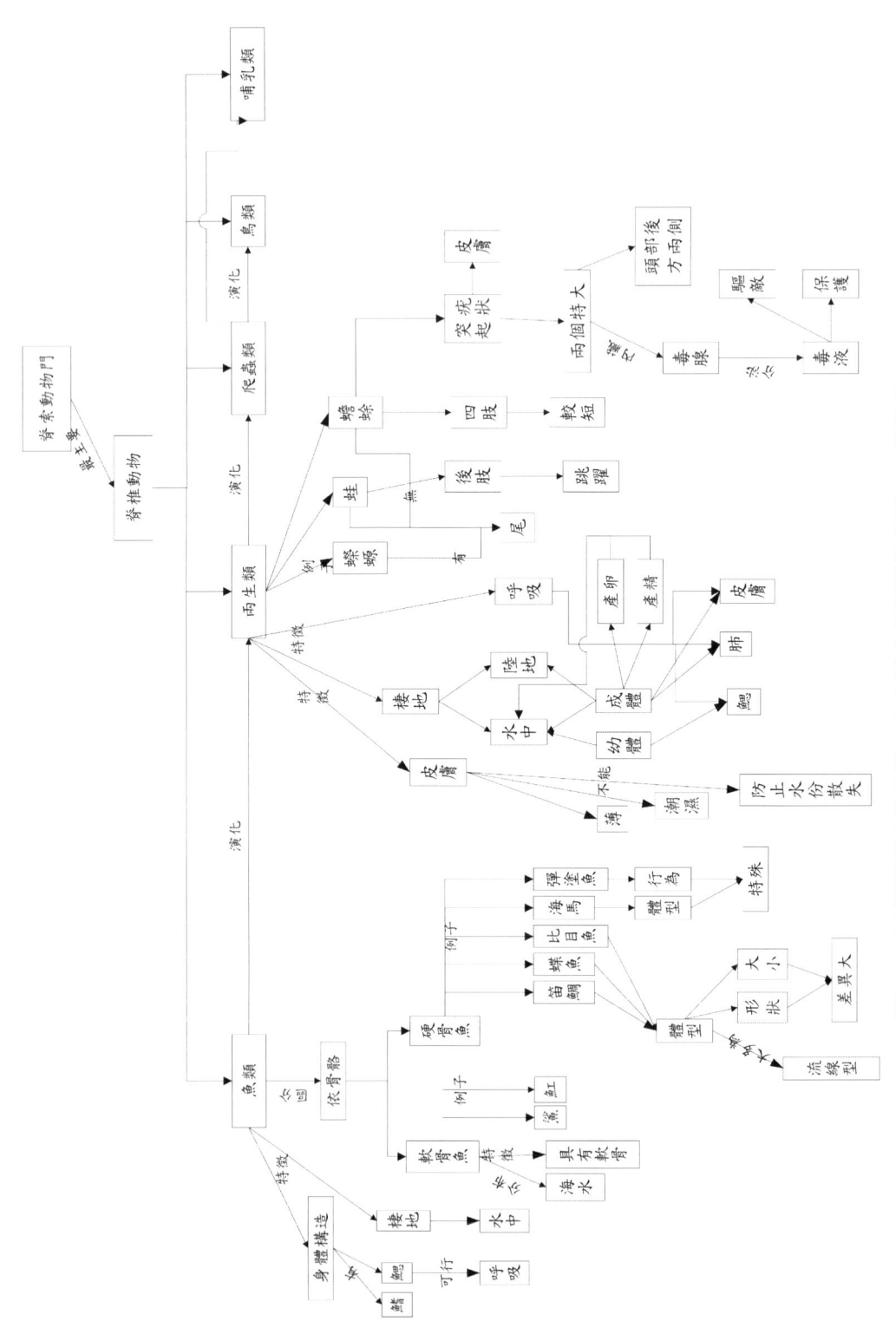

圖 A-8：國編版國中生物第十章中系統分類學概念圖──動物界之三

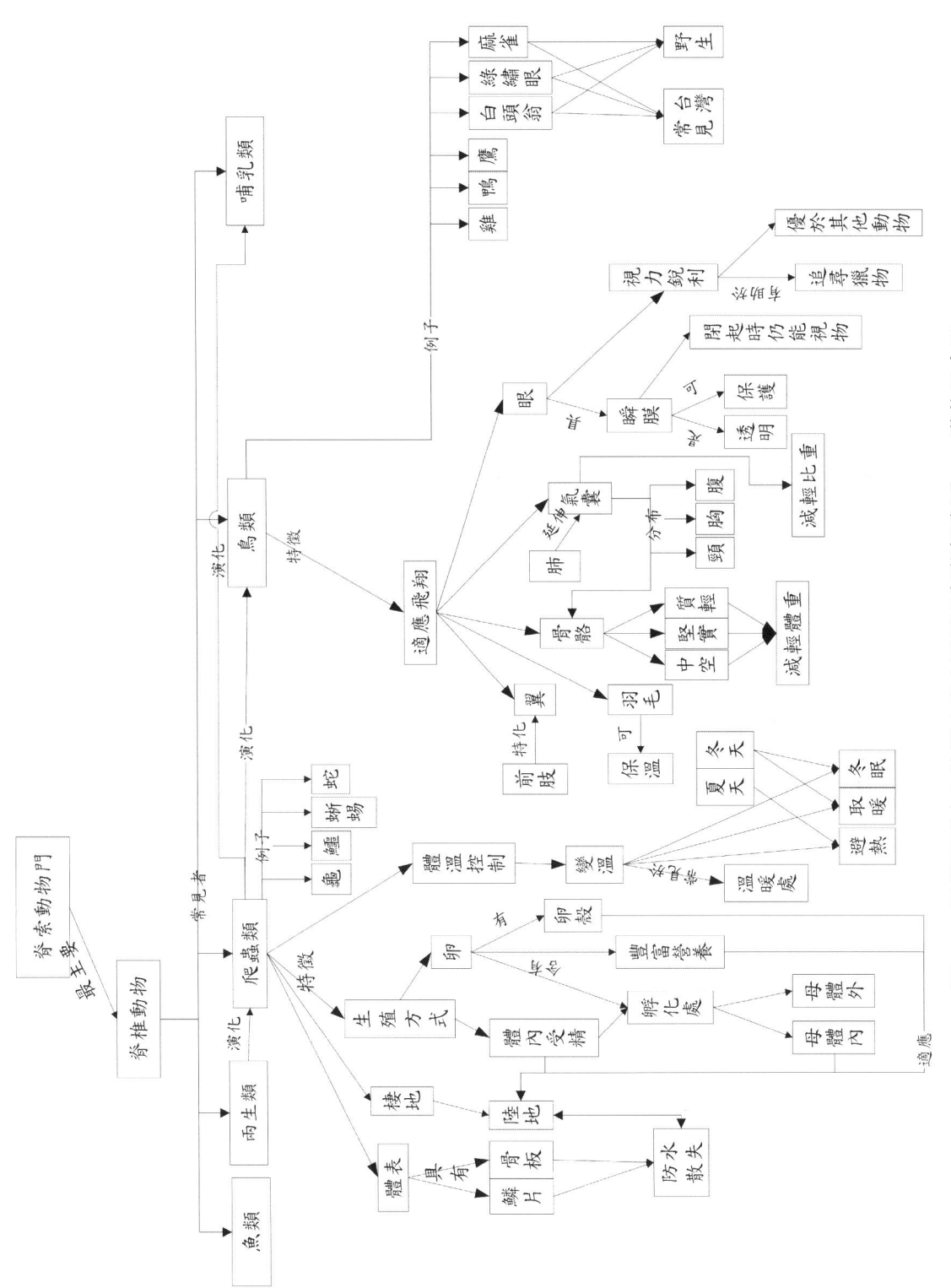

第一章　形形色色的生物與系統分類學

圖A-9：國編版國中生物第十章中系統分類學概念圖──動物界之四

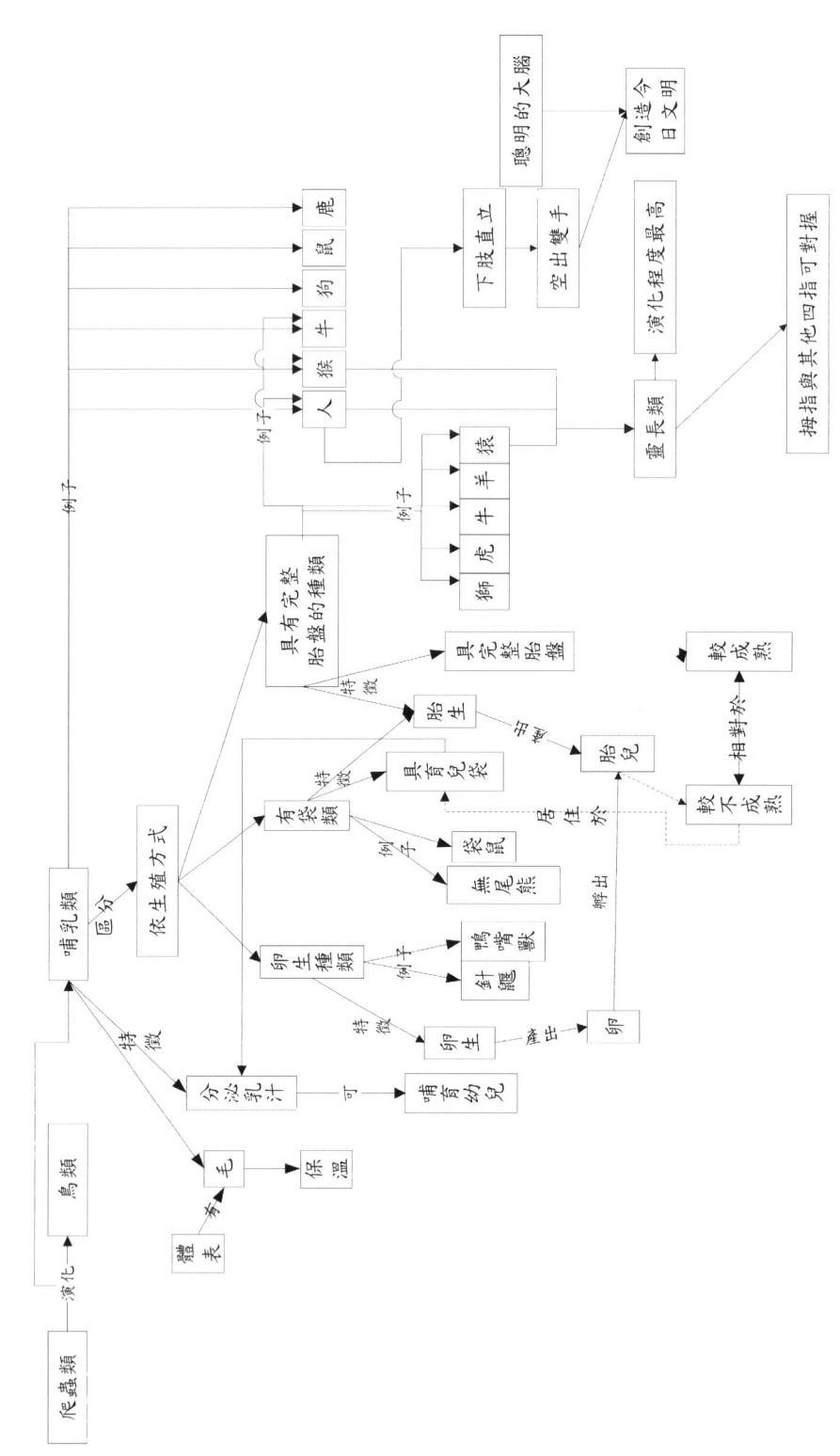

圖 A-10：國編版國中生物第十章中系統分類學概念圖——動物界之五

附錄二：中學系統分類概念命題敘述

1. 生物學名的創立者是林奈。
2. 生物學名是由拉丁文構成。
3. 生物學名包括屬名、種名及命名者。
4. 屬名是名詞。
5. 種名形容生物特徵。
6. 俗名具有區域性。
7. 俗名易造成分類上的誤解。
8. 俗名是約定成俗。
9. 俗名可能由學名翻譯而來。
10. 俗名未限定使用何種語文。
11. 系統分類根據可能為形態、構造、生理、遺傳等特徵。
12. 系統分類是為了研究方便。
13. 系統分類有七個階層(界、門、綱、目、科、屬、種)。
14. 系統分類可知演化關係。
15. 種是系統分類的最小單位。
16. 同種可能外表差異大。
17. 同種的雌雄個體可互相交配，並產生有生殖能力的後代。
18. 原核生物是最早、最原始的細胞生物。
19. 原核生物具有細胞膜。
20. 原核生物包含細菌、藍綠菌。
21. 細菌可分球菌、桿菌、螺旋菌。
22. 真核生物包含原生生物界、菌物界、植物界、動物界。

23. 原生生物包含藻類、原生菌、原生動物。
24. 藻類含葉綠體。
25. 藻類可行光合作用。
26. 藻類包含矽藻、綠藻、紅藻、褐藻。
27. 原生菌包含水黴菌、黏菌。
28. 水黴菌是分解者,長於淡水中。
29. 黏菌長在樹皮、枯木上。
30. 原生動物會掠食、寄生。
31. 原生動物是多細胞生物的祖先。
32. 原生動物包含變形蟲、瘧原蟲、草履蟲、有孔蟲等。
33. 菌物界生物多為多細胞。
34. 菌物界生物個體多由菌絲構成。
35. 菌絲可侵入寄主或附著物內。
36. 菌物界生物藉孢子繁殖。
37. 菌物界生物具細胞壁。
38. 酵母菌為單細胞菌物界生物。
39. 酵母菌可行發酵作用。
40. 菌物界中的寄生菌,常造成生物生病或死亡,如人類香港腳。
41. 植物界生物具有細胞壁。
42. 植物界生物含有葉綠體。
43. 植物界生物可行光合作用。
44. 植物界生物包含無維管束植物及維管束植物。
45. 無維管束植物不具根、莖、葉。
46. 蘚苔植物為無維管束植物。
47. 蘚苔植物為最早登陸的綠色植物。

48. 蘚苔植物包括蘚類與苔類。
49. 蘚類平鋪在地面。
50. 地錢屬於蘚類。
51. 土馬騌屬於苔類。
52. 維管束植物包含蕨類與種子植物。
53. 蕨類植物利用孢子繁殖。
54. 蕨類植物大多具有地下莖。
55. 蕨類植物大多具有羽狀複葉。
56. 筆筒樹為蕨類植物。
57. 種子植物利用種子繁殖。
58. 種子植物包含裸子植物與被子植物。
59. 裸子植物葉型為針狀。
60. 裸子植物具有毬果,內含胚珠。
61. 裸子植物種子裸露。
62. 裸子植物包括松樹、杉木、柏樹等。
63. 被子植物有花。
64. 被子植物的種子包在果實內。
65. 被子植物可分為單子葉植物、雙子葉植物。
66. 單子葉植物的葉脈平行。
67. 單子葉植物的花瓣是3的倍數。
68. 單子葉植物的子葉有一枚。
69. 百合、稻、麥、甘蔗、玉米、竹、蔥是單子葉植物。
70. 雙子葉植物的花瓣是4或5的倍數。
71. 雙子葉植物是網狀葉脈。
72. 雙子葉植物的種子有2枚子葉。

73. 樟、菊、芹菜、荷、蓮是雙子葉植物。

74. 動物界包括刺絲細胞門、軟體動物門、環節動物門、節肢動物門、棘皮動物門、脊索動物門等。

75. 刺絲細胞具有刺絲胞。

76. 刺絲細胞門的動物體呈輻射對稱。

77. 刺絲細胞門的動物體有一個開口。

78. 刺絲細胞門的動物用觸手捕食。

79. 海葵、水母、珊瑚屬於刺絲細胞門。

80. 珊瑚常與藻類共生。

81. 軟體動物門的動物體呈兩側對稱。

82. 軟體動物門的動物體不分節。

83. 蝸牛、蛤、烏賊是軟體動物。

84. 蝸牛具螺旋狀殼。

85. 蛤具兩片殼。

86. 烏賊的殼退化為小型。

87. 環節動物門的動物體呈兩側對稱。

88. 環節動物門的動物體分節。

89. 環節動物門的動物體具剛毛。

90. 環節動物門的動物多為蠕動爬行。

91. 海蟲、蚯蚓、蛭屬於環節動物。

92. 節肢動物門的動物具發達的腦。

93. 節肢動物門的動物體分節。

94. 節肢動物門的動物具堅硬外骨骼。

95. 節肢動物門的動物生命史中會蛻變。

96. 節肢動物門包括昆蟲、蜘蛛、蝦、蟹等。

97. 昆蟲具三對步足。

98. 昆蟲大多具兩對翅，會飛。
99. 昆蟲的蛻變可分為完全變態與不完全變態。
100. 蝶、蜂、蒼蠅、蚊子為完全變態。
101. 蝗蟲、蟋蟀為不完全變態。
102. 蜘蛛有四對步足。
103. 蝦、蟹生活於水中。
104. 蝦、蟹有五對步足。
105. 蟹的第一對步足特化為螯足。
106. 棘皮動物門的動物生活於海中。
107. 棘皮動物門的動物體表有棘。
108. 海星、海膽屬於棘皮動物門。
109. 海星體呈星型。
110. 海星常有五個腕。
111. 海膽體呈球形。
112. 海膽具有長棘。
113. 脊索動物大多具有脊椎。
114. 脊椎動物包括魚類、兩生類、爬蟲類、鳥類、哺乳類。
115. 魚類具鰭。
116. 魚類用鰓呼吸。
117. 魚類生活於水中。
118. 魚類可分為軟骨魚和硬骨魚。
119. 軟骨魚具軟骨質骨骼。
120. 鯊、魟屬軟骨魚。
121. 硬骨魚體常呈流線型。
122. 海馬、彈塗魚屬於硬骨魚。

123. 兩生類幼蟲在水中生活。

124. 兩生類幼蟲用鰓呼吸。

125. 兩生類成體生活於陸地。

126. 兩生類成體用肺呼吸。

127. 兩生類生活於潮濕處。

128. 蠑螈、蛙、蟾蜍屬於兩生類。

129. 蠑螈的成體具有尾巴。

130. 蟾蜍體表具疣，內藏毒腺

131. 爬蟲類體表具鱗片或骨板。

132. 爬蟲類為體內受精。

133. 爬蟲類為外溫動物。

134. 爬蟲類冬天常冬眠。

135. 烏龜、鱷、蜥蜴、蛇屬於爬蟲類。

136. 鳥類前翅特化為翅。

137. 鳥類具羽毛。

138. 鳥類骨骼中空。

139. 鳥類具氣囊。

140. 鳥類視覺銳利。

141. 鳥類眼具有瞬膜。

142. 鳥類為內溫動物。

143. 麻雀、綠繡眼、白頭翁屬於鳥類。

144. 哺乳類體表具毛。

145. 哺乳類為內溫動物。

146. 哺乳類母體會分泌乳汁育兒。

147. 哺乳類少數種類為卵生，大部分為胎生。

148. 針鼴、鴨嘴獸為卵生哺乳類。

149. 有袋哺乳類幼體以胎兒方式產出。

150. 有袋哺乳類有育兒袋。

151. 無尾熊、袋鼠屬於有袋哺乳動物。

152. 胎生哺乳動物直接產出胎兒。

153. 獅、虎、牛、羊屬於胎生哺乳動物。

【第二章】
生態概念

游淑媚

國立臺中教育大學科學教育與應用學系教授
Email: smy@mail.ntcu.edu.tw

壹、前言

中小學學生對於生物與環境的生態概念，持有他們自己不同於科學家的想法。這些想法可能影響他們的生態概念意義化學習。作者與研究團隊曾經有數年時間經由一些探討學生科學想法的方法，有機會學習與瞭解中小學學生持有他們自己不同於科學家的生態想法。作者使用於探討學生科學想法的方法是透過分析相關資料、繪製概念圖、訪問中小學相關教學者、設計開放式問題、晤談大綱訪談中小學學生、設計診斷工具施測中小學學生、經由相關科學繪本訪談學生等等。這些方法設計的工具舉例如下。

一、中小學學生生物腐化想法之概念圖

中、小學學生生物腐化想法之概念圖主要概念(見圖1)，包括生物透過分解者之腐化現象、生物與環境之間的物質循環以及能量流轉。

二、晤談大綱：生態情境模擬圖

(一)呈現一張生態情境模擬圖(見圖2)。

(二)這片葉子掉落地面後，經過一段時間，會有什麼現象發生(圖中左邊放大鏡)？為什會發生這些現象？

(三)浮在水面上的魚死後的屍體，經過一段時間以後，會發生什麼現象(圖中右邊放大鏡)？為什麼發生這些現象？

三、開放性問卷：物質循環概念開放性問卷

根據晤談個案對生態概念中有關物質循環概念呈現的說法，初步資料整理分析後，轉化成一開放性試題(見圖3)的第一層答案選項，並要求學生選出第一層答案後，在第二層開放區中寫下自己挑選答案的理由。

四、設計診斷工具施測中小學學生

每一試題皆分成第一層之事實選項及第二層之理由選項；其中理由選項之排定實源自晤談及單層開放式問卷分析，且多參考自學生晤談及問卷所寫的原始敘述句。

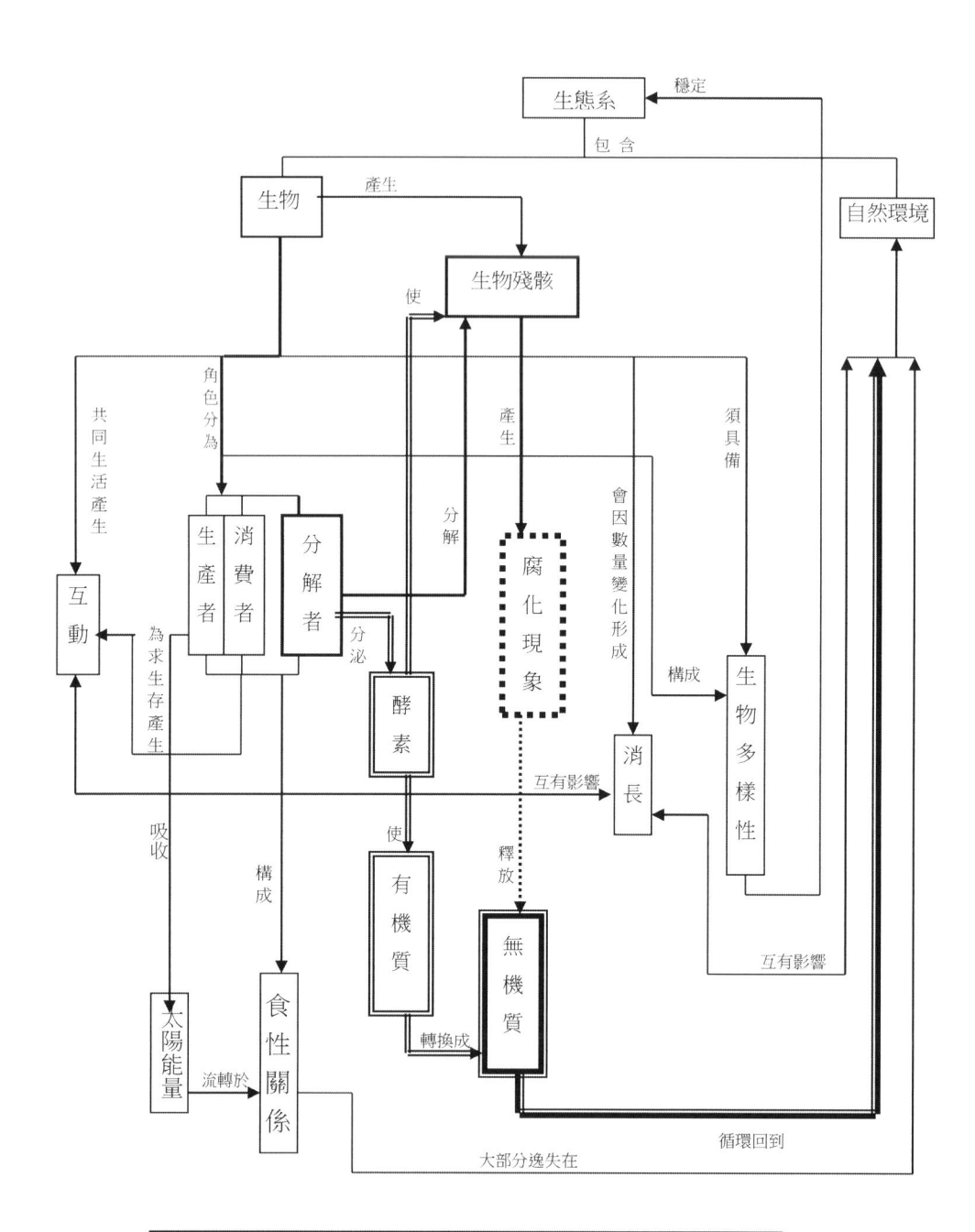

圖1：中、小學學生生物腐化想法之概念圖

資料來源：游淑媚(2003)。

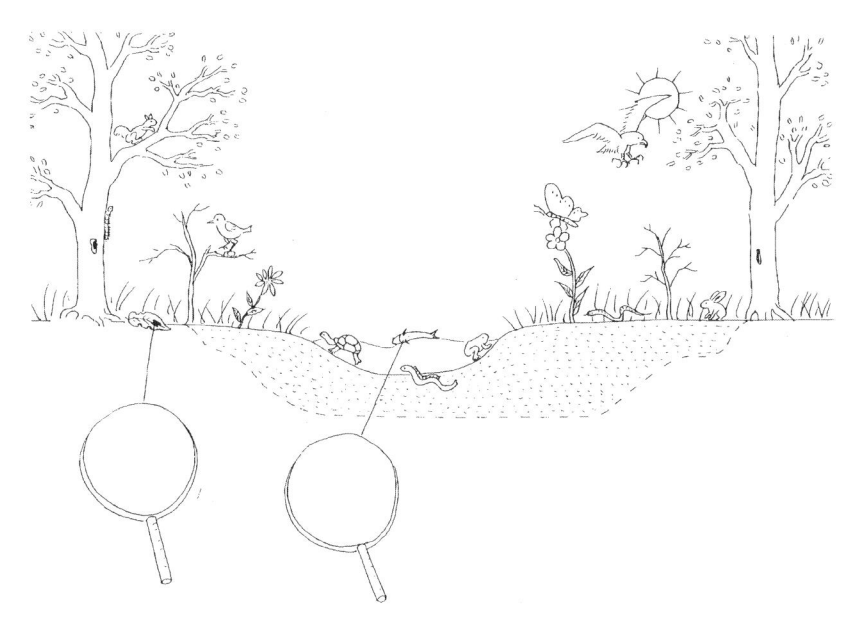

圖2：生態情境模擬圖

資料來源：游淑媚與張政昌(2003)。

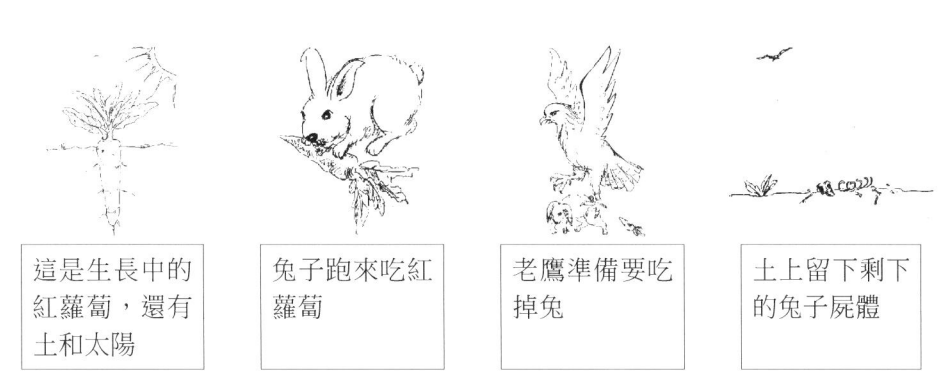

| 這是生長中的紅蘿蔔，還有土和太陽 | 兔子跑來吃紅蘿蔔 | 老鷹準備要吃掉兔 | 土上留下剩下的兔子屍體 |

老鷹吃飽飛走了，剩下兔子的屍體與兔子沒吃完的紅蘿蔔，經過一段時間以後，如果沒有再被其他動物吃掉，你想故事將如何發展下去？

1. (　　) 故事接下來的發展，應該是：①兔子的屍體與兔子沒吃完的紅蘿蔔，最後消失不見了。②兔子的屍體與兔子沒吃完的紅蘿蔔，變成一些微小的東西留在土中。③兔子的屍體與兔子沒吃完的紅蘿蔔，被分解後回到自然環境中，一部分再被紅蘿蔔所吸收利用。

2. 為什麼會這樣呢？ 我的想法是：

_____

_____

圖3：物質循環概念開放性問卷

資料來源：游淑媚與張政昌(2003)。

A題及B題請受測之中、小學學生對掉落在泥土上的杜鵑花勾選看法：對大自然無用、只是一般自然現象或對大自然有用，並接著勾選理由，包括：只會被其他動物吃掉或埋進土裡、全部養分會直接被土或植物吸收、直接變成土裡的肥料、被細菌分解，變成養分，讓植物吸收(以上理由分布於A題及B題，施測對象：國小、國中、高中)及會被細菌分解轉化成自然中的其他物質(以上理由分布於B題，施測對象：高中)。

貳、研究發現

研究發現分為四個主題包括一、中、小學學生生物腐化想法類型；二、中、小學學生對生態概念中有關物質循環概念的理解；三、學生對生態消長概念的理解；四、學童對教科書以及相關繪本生物腐化圖文的解讀。

一、中、小學學生生物腐化想法類型

可分成五項：「1.自然因素」、「2.動物消費」、「3.物理因素」、「4.同化分解概念」與「5.分解者分解」。在未能察覺分解者向度中包含「1.自然因素」、「2.動物消費」、「3.物理因素」想法類型；對分解者的分解功能解讀包含自己的想法之向度主要是「4.同化分解概念」想法類型。在察覺分解者向度則是「5.分解者分解」想法類型。

有時學生似乎是可察覺到分解者角色，但是卻以自己的想法解讀分解者的分解功能，研究中將此歸屬為「4.同化分解概念」想法類型；於此想法中又可再細分成「4-1.同消費者功能」、「4-2.使物質變爛供土壤吸收」、「4-3.助長物質自行腐爛」及「4-4.排泄無機物質」學生對分解者分解功能的想法類型。這四種皆是學生將學習過的科學知識結合自己想法(包含相關經驗)所形成的類型；顯示學生在吸收相關腐化現象的知識後，是會再結合自己的經驗，影響自己對腐化現象的認知，所呈現的一種混合模式的想法。圖4中，將「4.同化分解概念」想法類型定位在學生以自己的想法解讀分解者的分解功能。

唯有能察覺分解者角色會參與生物腐化現象，且能理解分解對生物腐化之貢獻，才是研究中的最高階層「5.分解者分解」想法類型；這也是較符合目前科學界定的腐化概念。

二、中、小學學生對生態概念中有關物質循環概念的理解

持有「物質無用」、「肥料養分」、「物質分解」以及「物質循環」四種類型。小四學生大部分持有「物質無用」及「肥料養分」，小六及國中學生大都持有「肥料養分」和「物質分解」，高中學生大都持有「物質分解」和「物質循環」之想法類型。圖5顯示隨著年齡的增長，學生對生態概念中有關物質循環之理解。

(一) 物質無用

從質性資料發現年紀較小的學生(尤其是小四學生)對生態概念中有關物質循環之理解，常以「不知道、不見了、就是會這樣」的敘述，認為生物的殘骸會被其他生物吃掉、自然地爛掉枯掉或消失不見，屬於「物質無用」概念類型。

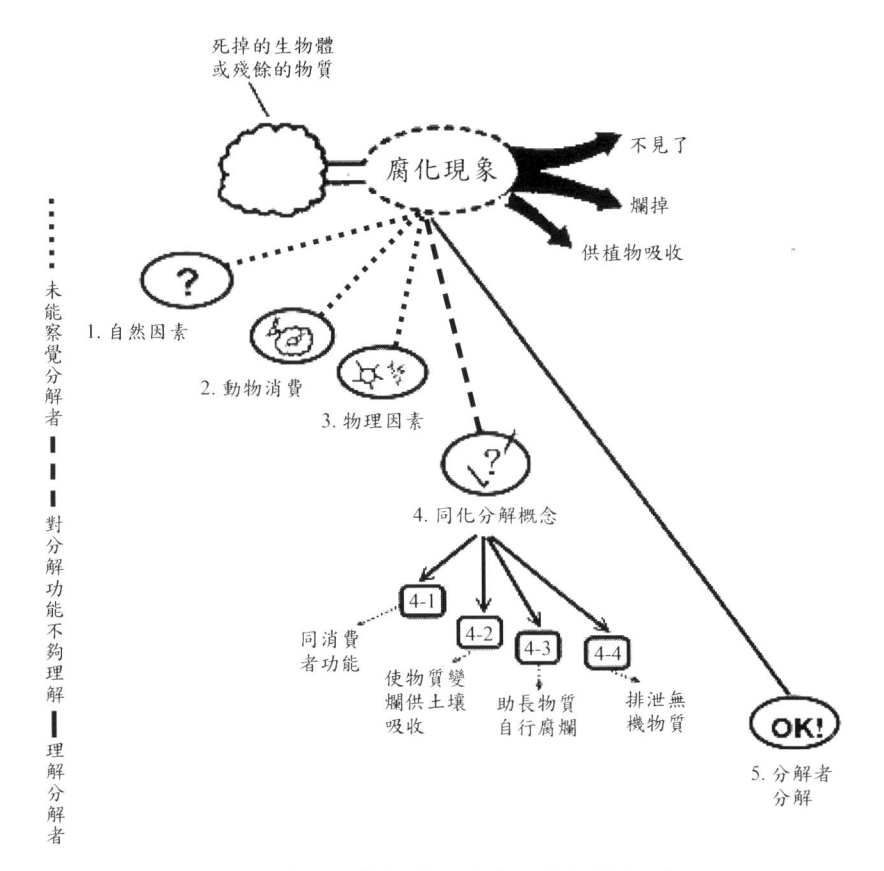

圖4：中、小學學生的生物腐化想法類型

資料來源：游淑媚(2003)。

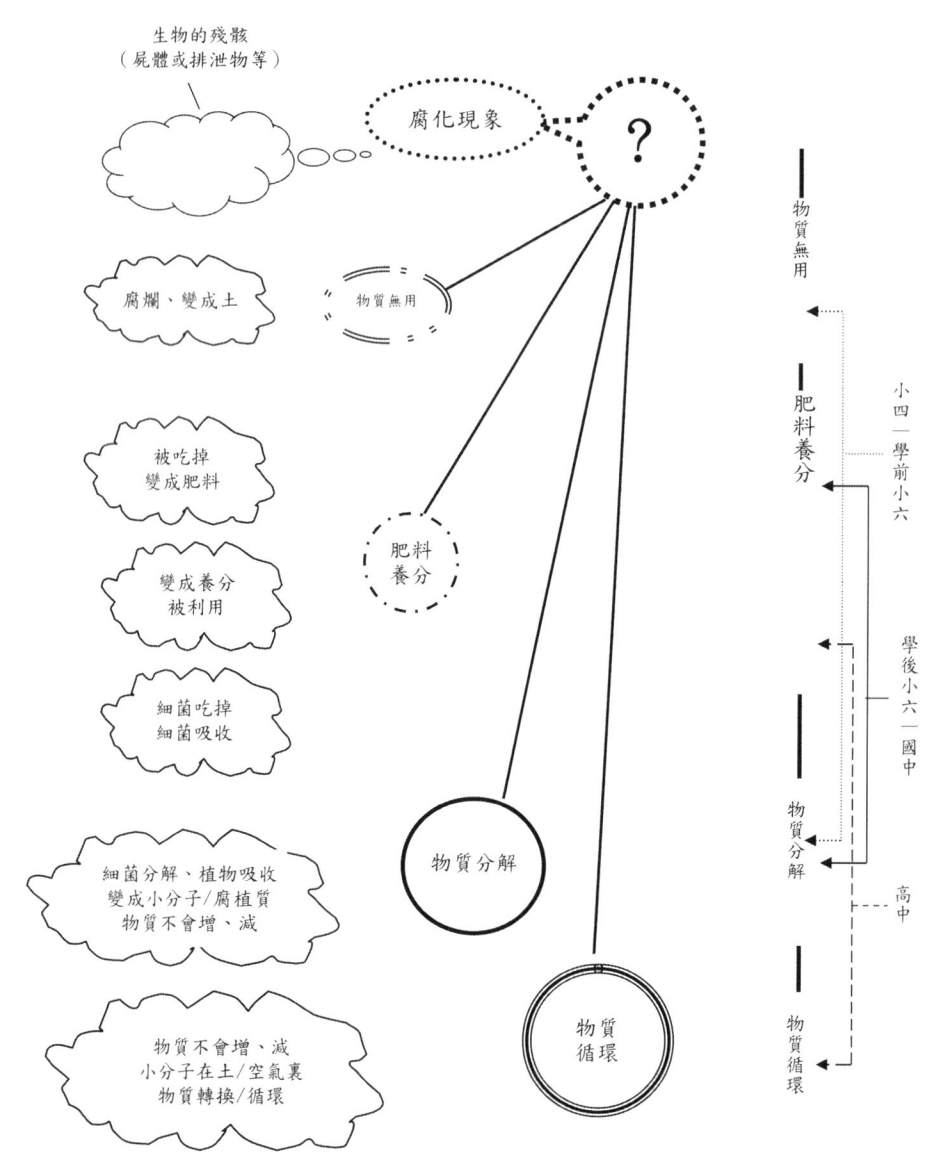

圖5：中、小學學生對生態概念中有關物質循環之理解的概念類型分布
資料來源：游淑媚與張政昌(2003)。

(二) 肥料養分

　　此類型學生認為生物殘骸被生物啃食破碎或爛掉，殘骸裡原有的養分會全部被土和植物吸收，或全部融入土裡變成肥料。此類型在小四學生(52.2%)和未學習過生態相關概念的小六學生(52.9%)分布較高，在學習過生態相關概念的小六學生(46.3%)、國一學生(38.7%)和國二學生(28.9%)亦

占有相當比例，高中生比例(高二社會組：24.3%；高二自然組：18.1%；高一：11.6%)除社會組外則明顯下降。在開放式問卷中部分學生有「生物死後都會變成微小物質，回到大自然、大地」、「生物腐化變成養分再被利用」或「生物殘骸被細菌吸收、吃掉」之類的敘述，學生雖然描述到生物殘骸會腐化變成微小物質、可再利用等，卻不明分解者角色或將分解者視同消費者看待。

(三) 物質分解

學後小六和國中階段的學生(學後小六：50.7%；國一：52.1%；國二：66.4%)，有蠻高比例屬於此類型。對生態概念中有關物質循環之理解，對於分解者在生物腐化的角色與功能上已存有概念，認為生物腐化分解後會變成小分子往某些地方去(大部分指到土中被植物吸收)，小四(38.2%)和學前小六(39.0%)學生有將近四成學生選擇此類答案。高中階段也有三成五左右的學生(高一：38.6%；高二自然組：37.3%；高二社會組：31.7%)，但明顯的，已有不少比例的高中生，已注意到生物腐化後的物質轉變成無機物質到環境中後，會產生流動與循環。

(四) 物質循環

此部分為較偏屬科學界定的概念，高中學生選擇此項的比例雖次於對物質分解的察覺，但是這些比例的學生(高一：31.1%；高二自然組：27.0%；高二社會組：18.9%)已能以一種較系統化的巨觀思維去看待生物腐化後的結局，認為物質不會增、減，分解後的小分子會在土裏或空氣裏，甚至注意到物質在自然環境與生物間的轉換與循環。

三、學生對生態消長概念的理解

主要可分成：類型1「以人為中心」、類型2「擬人化」、類型3「描述性理由」及類型4「生物間相互依存關係」四種理解類型(圖6)。其中類型3「描述性理由」可再細分為：3-1「直覺認定環境一旦變化，物種數量就會改變」、3-2「物種消長與同地區生活的生物無多大關係」兩種類型。類型4「生物間相互依存關係」，依照其程度的差異，可再細分為：4-1「僅考慮生物間單向的影響(如吃與被吃)」、4-2「食性層級上下位的關聯」、4-3「整體食性關係及考量群集中所有生物與環境」三種類型。

類型1「以人為中心」：某族群的存在是因為人類利益的需要。(小四、小六)	
類型2「擬人化想法」：某族群消失,群集中其他生物會產生類似人類情感變化。(小四、小六、國中)	
類型3「描述性理由」：(小四、小六、國中)	
類型3-1直覺認定環境一旦變化，物種數量就會改變。(小四、小六、國中)	
類型3-2物種消長與同地區生活的生物無多大關係。(國中)	
類型4「以生物相互依存關係為依據」	
類型4-1：直覺認定某些族群消長會單向影響有相互依存關聯的族群生物。(小四、小六、國中、高中)	某物種消失 —單向影響→ 有相互依存關聯的 ⇢ 數量減少／更加繁殖／其他變化
類型4-2：群集中某種生物的消長對其食性層級上下位的生物會產生連鎖的影響。(小六、國中、高中)	連鎖影響：某物種消失→有食性關係的物種→有食性關係的物種 ⇢ 數量減少／更加繁殖
類型4-3：群集中某種生物的消長會致使整體食性關聯的族群皆產生相互的影響。(國中、高中)	對整體生態系產生影響：某物種消失與多個有食性關係的物種相互影響

圖6：中、小學學生的生態消長理解類型

資料來源：游淑媚(2004)。

四、學童對教科書以及相關繪本生物腐化圖文的解讀

教科書中的生物腐化圖文單元中圖片所占面積較文字多。學童對全為腐化現象之教科書圖片解讀持有之依據以顏色居多；在非食品圖片的解讀多為「髒、舊」，對於食品圖片的解讀則是多為「發霉」。學童多採「試圖整合」策略解讀去文綜合圖片。學童對教科書生物腐化原頁圖文的解讀則多採取「以文為主」的解讀方式。

國小五年級學童，在閱讀一本「生物腐化」相關繪本後，學童的想法類型組合脈絡與趨向。想法類型組合脈絡有「想法維持」、「想法回復」、「想法合併」以及「改變持續」四類。學童具有生物腐化想法屬於「自然因

素」、「物理因素」者，在閱讀繪本後，這些想法產生改變，但改變無法持續。「動物消費」想法類型者，在閱讀繪本後，這些想法產生改變，但改變較能持續，這些學童多聚焦於繪本中包含動物的頁面。各想法類型皆有過半的比例，在閱讀繪本後，這些想法沒有產生改變，這些學童多聚焦於繪本的情節。

國小五年級學童於閱讀「生物腐化」相關繪本後，其想法類型與繪本解讀的情形，在繪本分析部分，整體而言，其內容較偏向以「動物消費」類型來說明「生物腐化」現象。學童剛讀完繪本時，學童對繪本的解讀屬「動物消費」者，聚焦在含「吃」或「食物」的圖文說明，認為樹幹腐爛是被動物吃掉了；解讀屬「物理因素」者，則聚焦在對易造成腐化之環境的描述，學童將「下雨」、「下雪」，解讀為造成腐化的原因。部分學童未查覺繪本中有關腐化原因說明者，多留意在繪本的故事情節。學童讀完繪本一個月後，則聚焦在故事的情節以及介紹棲息於腐木的生物部分。

參、教學建議

根據四個主要研究發現提出教學建議：一、中、小學學生生物腐化想法類型；二、中、小學學生對生態概念中有關物質循環概念的理解；三、學生對生態消長概念的理解；四、學童對教科書以及相關繪本生物腐化圖文的解讀。

一、中、小學學生生物腐化想法類型

學生不管在學習前或學習後都會有一些屬於自己的想法，而且學生現存的知識又會影響其科學學習，所以科學教師在進行生態領域中有關生物腐化概念(例如：分解者、物質循環、生物間的食性關係)的教學前、後，應該瞭解學生可能持有的生物腐化原因想法類型，以幫助教學之引導與補救。研究發現，不同年段的學生持有的腐化原因想法有所差異，因此小學與中學之科學教師的參考方向應有所不同：

(一)小學科學教師：小學生的生物腐化原因想法類型多分布在「自然因素」、「動物消費」與「物理因素」；因此科學教師在進行教學時，應指導學生思考「生物殘骸」為什麼會有腐化的現象，進而鼓勵學生提出

影響生物腐化產生的原因,並可適時設計相關學習活動讓學生學習生物腐化並非一種自然而然、毫無因素影響就發生的現象;此外更應注意學生是否僅以經驗思考,持有「動物消費」與「物理因素」導致生物腐化的現象;而且「分解者」角色的適時引介是需要思索拿捏的部分。

(二)中學科學教師:臺灣學生相當熟悉慣用「分解者分解」的科學名詞,只是對此名詞的想法並非如科學界定之概念。教師教學時應多探測學生對「分解」的真正想法,中學學生大都持有「同化分解概念」的想法類型,尤其將「分解」功能與消費者的「消費(食用)」功能、生物消化後的「排泄」功能混淆,甚至認為分解者的分解僅是種「幫助」,幫助生物殘骸自發性的腐化。因此建議中學科學教師應多瞭解,學生對於教科書中呈現的文字敘述,所持有的想法,可助於相關生態概念的教學。

二、中、小學學生對生態概念中有關物質循環概念的理解

中、小學生對生態概念中有關物質循環之理解的概念類型分布歸類為:「物質無用」、「肥料養分」、「物質分解」以及「物質循環」四項概念類型。中、小學生物質循環概念的理解,與其他生態概念中的關鍵概念環環相扣,例如分解者與食性關係、物質循環以及能量流轉等;加上學生生長及生活環境的差異。中、小學教師應協助學生留意物質循環概念專有名詞背後的意涵,以及與其他生態專有名詞間的重要關聯。對於學生物質循環概念的教學,應從生態系巨觀架構的統整開始。

三、學生對生態消長概念的理解

中、小學教師可參考研究發現,研發生態消長概念理解的意義化教學,以協助學生理解生態消長概念。小學教師應留意小四及小六學生對生態消長的理解,以類型2、「擬人化想法:物種消長使同地區生活的其他物種產生類似人類情感變化」,以及類型3「描述性理由」之類型3-1「直覺認定環境一變,生物就變不好」居多。

國中教師應留意國中學生對生態消長的理解在類型3「描述性理由」及類型4「生物間相互依存關係」的多樣化類型:類型3「描述性理由」之類型3-1「直覺認定環境一變,生物就變不好」、類型3-2「生物消長不影響其他

生物之生存」、及類型4「生物間相互依存關係」之類型4-1「生物消長僅影響單向相互依存關聯之生物」、類型4-3「生物之消長因彼此間相互依存關聯而制衡」。

　　高中教師應留意高中學生對生物消長的理解在類型4「生物間相互依存關係」之類型4-1「生物消長僅影響單向相互依存關聯之生物」、類型4-3「生物之消長因彼此間相互依存關聯而制衡」居多。各階段的教師在生態消長教學時，應針對不同年段學生的不同類型分布趨勢，設計合宜的教學活動，提供學習者辨識以及討論他們的理解的機會，同時與其他人的另有想法比較，以協助學生的學習。同時，也應注意到學生的概念並非單一而獨特，經常受到情境的影響而有概念競爭或概念生態的情形。

(一)學習者的日常生活經驗、先前學習經驗及想法需多作瞭解，留意孩子對課本及教師與同儕傳達語句之含意的解讀，試著讓他們自己再說一次所瞭解的內容，避免另有概念產生。

(二)對教科書的圖文內容應深入瞭解，為孩子提供各概念間的架構，協助他們建構較符合科學的概念。

(三)多提供孩子親手操作、觀察的經驗，可補足平面的教科書圖文解讀誤差。

(四)實際經驗對學生理解的重要性，學生對於課本中圖片的腐化現象，若能伴隨實物的觀察，或可減少對部分圖片的誤判情形。顯微攝影之影片的提供，亦可作為教科書平面呈現的輔助，協助學童瞭解生物腐化現象的真實面。

四、學童對教科書以及相關繪本生物腐化圖文的解讀

　　學童對繪本中字句的解讀，與學童的想法間可能有所關聯，例如把「維生」當作為「吃」，也可能因此把腐化現象是作為動物的消費現象，建議進一步瞭解學童對繪本的解讀，與其語文能力間的可能關聯。另外，從研究中也可以見到學童可能短暫的呈現想法的改變，但並未能維持，因此建議教學者在學童的想法有所改變時，更深入瞭解學童何以認為新的想法較為合理。

　　另外繪本內容所描繪的情境——倒樹、蟲子、真菌……等等，在地狹人稠的國內，一般學童的生活環境中，可能不如國外來得常見。學者認為概念

是由每天的想法與學校教學所得之科學概念透過交互過程後所聚合，但須透過先前經驗作為橋接。國內的學童在缺乏此類過去經驗的情況下，可能對於相關概念的學習較顯得困難，建議科學繪本設計者在設計科學繪本時，需多提供真實的學習情境，以協助學習者意義化之學習。同時，也需提供學習者之重要概念學習，以避免學習者只留意繪本的故事情節方面。

延伸閱讀

1. 邱玉娟、游淑媚(2005)。國小學童閱讀相關繪本之生物腐化想法類型脈絡與趨向之研究。**臺中教育大學學報：數理科技類**，**19**(2)，69-90。
2. 邱玉娟、游淑媚(2006)。國小學童「生物腐化」想法與相關繪本解讀之研究。**臺中教育大學學報：數理科技類**，**20**(1)，27-61。
3. 游淑媚(2003)。中、小學學生對生物腐化原因的想法類型。**師大學報：科學教育類**，**48**(2)，165-196。
4. 游淑媚(2004)。中、小學學生對生態概念的理解：生態消長。**臺中師院學報**，**18**，207-239。
5. 游淑媚(2005)。國小學生解讀教科書生物腐化圖文之研究。**臺中師院學報**，**19**(1)，269-294。
6. 游淑媚、林淑芳(2005)。國小學生的生物腐化想法與科學教室環境知覺關係之研究。**科學教育學刊**，**13**(3)，241-262。
7. 游淑媚、張政昌(2003)。中、小學學生對生態概念的理解：物質循環。**臺中師院學報**，**17**，251-280。

【第三章】

中學生重要科學概念學習現況及教學改善策略研究：遺傳與演化概念

黃臺珠

國立中山大學通識教育中心退休教授
Email: taichu@mail.nsysu.edu.tw

壹、前言

許多研究顯示，學生科學概念的發展對科學學習有密切的關係(Lawson & Thompson, 1988)。無論是學習能力強或弱的學生，在第一次進入科學教室時，對於自然世界的運作持有相當多且不同的理論。他們用這些「素樸」理論來解釋世界的事件。然後，即使上過課了，他們仍堅持自己的理論(Glynn, Yeany, & Britten, 1991／熊召弟、王美芬、段曉林、熊同鑫譯，1996)。大多數學生會從過去的生活經驗與日常用語形成某種自發性的概念架構，這使學生在預測或解釋某些科學現象時，會產生概念上的混淆。教師很難引導學生把他們在教學前所具有的概念架構轉變為較正確的科學性概念，甚至有時學生索性記憶他們在教室所學的事實以備測驗時回答，但在生活中仍使用它自己的個人理論來解釋各種自然現象(Glynn et al., 1991／熊召弟等譯，1996)。正如Ausubel (1968)所說，學生進入教室前，帶來了複雜的先存概念(preconception)，並且堅持其所持有的概念而難以改變。學生的先存概念普遍存在於各個領域之中，而且有些與科學家普遍接受的科學概念普遍存在於各個領域之中，而且有些與科學家普遍接受的科學概念並不相同，這些先存概念影響學生日後的理解程度及對外來訊息的注意與取捨(Strike & Posner, 1985)。使得大部分學生的先存概念都根深蒂固的存在於他的想法當中，學校教學所能達到的改變顯然十分有限(Brumby, 1984)。

學生是主動的知識建構者，會運用個人的先備知識與問題解決經驗，對當前學習材料或問題之特殊領域知識加以重組或解釋，在這樣的認知學習觀點之下，教師被期許能瞭解學生認知發展的特質及概念學習的困難，以學生的現有的概念為基礎，進而擴充其知識基模或概念改變來進行教學。因此，教師應瞭解影響教學最重要的是「確認學習者已經學到什麼，並且據此而教」(Ausubel, 1968)。深入瞭解學生進入課堂前的先存概念與學習後容易產生的另有概念，將有助於教學方法與教學策略的選擇運用。

學校中的生物課本，大部分以敘述性的方式呈現，故生物科常被認為是最容易學習的科學(Lazarowitz & Shemesh, 1989)。事實上，學生在學習時卻遭遇不少困難，因為要有意義的理解所學概念與運用原理，需要運用合理的推理作為基礎，以背誦學習來的知識並不會被同化到知識結構之中(Novak & Musonda, 1991)。學習生物科學更需要統整知識並連結生活中的經驗。

英國學者Lewis與Wood-Robinson (2000)指出16歲學生對於遺傳概念明顯存在廣泛的不確定和混淆。薛靜瑩(1998)曾調查臺北市國中國小學生的遺傳概念發現，遺傳學習並未使受測的學生達成有效且持久的概念學習，由學生在遺傳概念測驗答題的整體趨勢看來，學生在剛學習國中遺傳後，確實能得到較佳的成績，但是在學習過後一年，也就是國二的學生，學生大多遺忘國中遺傳課程中所教授的概念，又回復其另有概念，來解釋遺傳現象中的問題。

　　由於遺傳學不僅是學習其他生物學相關概念的基礎(楊坤原、鄭湧涇，1997)，也幫助學生瞭解未來因生物科技的進步所可能衍生的社會倫理問題，故遺傳學的學習有其必要性，但是遺傳學的教學雖普遍受到重視，卻也是老師覺得難教，學生覺得難學的單元(黃秀英，1999；黃臺珠，1990；薛靜瑩，1998；Bahar, Johnstone, & Hansell, 1999)。

　　生物科學中，演化理論提供了一個整合及解釋許多現象的架構(Cummins, Demastes, & Hanfer, 1994)，Trowbridge與Wandersee (1994)學習各個階層的生物課程時，基本的生物演化理解與概念架構是必需的。因此，近年來，國外有許多對學生的演化生物學概念的研究(Bishop & Anderson, 1990; Brumby, 1979, 1984; Clough & Wood-Robinson, 1985; Deadman & Kelly, 1978; Demastes, Good, & Peebles, 1995; Ferrari & Chi, 1998; Greene, 1990; Lawson & Thompson, 1988; Settlage, 1994)。國內的研究亦指出持有正確演化概念之學生偏低，對於演化機制概念理解十分不理想(劉和義，1994)。儘管國外已有相繼有許多學者投入演化概念的研究，但是國內研究著墨並不多。因此，研究者希望能藉著這個研究，發展出一套簡便而有效的測驗工具，並探現階段國中學生對演化概念瞭解之實際情況，期能提供日後教師施行教學與教材編輯之參考。

　　本研究針對國中遺傳與演化單元，發展一套診斷式評量工具來探討學生的遺傳與演化概念。主要目的為探討國小、國中與高中學生遺傳與演化的先存概念，並找出其所經常持有的一些有別於課本或教師所述之看法，以瞭解學生在接受相關課程教學前後對遺傳與演化所持有的概念，期能提供教師作為施行教學與教材設計的參考。

　　根據以上目的，本研究所產生的問題如下：

一、不同年齡學生的遺傳與演化先存概念與另有概念為何？

二、不同年齡的學生，其遺傳與演化另有概念分布情形為何？

本研究主要目的是在瞭解各階層學生在遺傳概念上的現況，以便更進一步探討其概念形成的原因，以利改進未來教學及研究之用。分二階段進行：

第一階段：「遺傳」與「演化」概念學習現況的調查分析「遺傳」與「演化」的相關概念，利用概念以及臨床訪談以認識學生的遺傳概念生態系，及各類迷思概念的內涵。依據所蒐集的學生對重要科學概念的學習資料及另有概念類型，發展診斷工具，並以分層叢集隨機取樣方式，以瞭解學生重要遺傳概念學習現況。

本研究分成兩部分，第一部分為採用質性的方法與量的方法結合，以瞭解學生在「遺傳」及「演化」概念上的另有架構及分布狀況。一、質性的：開放問卷，訪談，以瞭解學生在重要概念的學習狀況及另有概念的內涵。二、量的：依據所蒐集的學生對重要科學概念的學習資料及另有概念類型，發展診斷試卷，並以分層叢集隨機取樣方式，以瞭解學生重要概念的學習現況。

第二階段：進入教室對遺傳概念的教與學作深入的瞭解採個案研究，用詮釋研究的角度實際進入教室現場，觀察重要科學概念的教與學的互動。並探入訪談教師以瞭解其在重要科學概念教學設計上所考量的因素、決策及教學呈現。並配合概念圖訪談學生瞭解其概念學習發生的來源以及對其概念造成的影響。

本研究主要研究重點於一、分析「遺傳」及「演化」的相關概念；二、利用概念圖以及臨床訪談以認識學生的「遺傳」以及「演化」的遺傳概念生態系及各種類型另有概念的內涵(表1)。其過程為由各階段參與教師及生物學科專家分析生物教材，並參考其他各不同階段的教學經驗(國小、國中、高中、大學)擬出「遺傳」及「演化」的概念圖。該概念圖經驗研究群討論及確認(如附錄一、二)。再依此概念圖發展出「遺傳」及「演化」概念，訪談概念圖與流程，以瞭解學生對「遺傳」及「演化」的先前概念。依此初步發現，發展「遺傳」及「演化」的開放性問卷，以歸類學生的先前概念及想法。以此作工具發展之參考。

本文主要係依據「遺傳」及「演化」的開放性問卷的分析結果，發展二

表1：遺傳命題雙向細目表

題號	概念類別	命題
1	I	性狀與遺傳的關係：手足相似的原因
2	I	性狀與遺傳的關係：與親代相似的原因
3	II	基因是控制遺傳的基本單位，位於所有的細胞中
4	II	個體內不同型態或功能的細胞擁有相同的遺傳物質
5	III	顯性個體交配可以產生隱性後代
6	I	獲得性的性狀不影響遺傳物質
7	II	性別與遺傳有關
8	II	複製生物與提供細胞核者相同
9	II	後代的遺傳物質由親代各提供一半
10	I	有性生殖一定會有受精
11	II	基因、染色體與DNA的關係
12	II	生物在成長過程中，遺傳物質不變只是不同基因表現
13	I	獲得性的性狀不影響遺傳物質

註：概念類別說明 I：巨觀的概念 II：微觀的概念 III：符號表徵的概念。

階層診斷問卷，並進行小規模施測(pilot study)，再依據其分析結果修正題本(附錄三)後進行大規模的施測，分析結果以瞭解學生重要概念學習結果。

貳、研究發現

本研究以自行發展之兩段式診斷測驗問卷為工具，探究國中學生的「遺傳」與「演化」先存概念與另有概念，經由大量施測的結果(表2、表3)，獲得以下之成果：

一、遺傳概念研究

學生的小學遺傳概念學習是直接從生物外表性狀的「巨觀」就介紹基因的「符號表徵」，缺少與「基因」、「染色體」等「微觀」遺傳構造相連結(Bahar et al., 1999)，先由學生缺乏的遺傳概念來看，學生缺少中間的「基因」、「染色體」等構造的「微觀」概念做適當的鷹架，成為一個不完整的網絡，導致學生即使學生學過棋盤格只記得演算的公式，而不知道親代如何經生殖的過程將遺傳物質傳給下一代，並影響子代性狀表現的真正理由。也

表2：遺傳二階層診斷問卷各題學生答題類型及各類型分布情形

題號	答案百分比(%)			
	事實對理由對	事實對理由錯	事實錯理由對	事實錯理由錯
1a	88.1	10.0	0.8	1.1
1b	78.2	18.6	1.4	1.8
2a	70.9	22.2	3.0	3.9
2b	47.6	44.8	1.9	5.7
3a	65.9	4.6	6.1	23.4
3b	53.3	9.1	13.2	24.4
4a	41.0	25.3	1.1	32.6
4b	25.5	17.7	2.9	53.9
5a	78.9	15.4	1.6	4.1
5b	56.8	28.2	3.5	11.5
6a	83.5	6.5	3.9	6.1
6b	68.0	12.1	11.3	8.6
7a	79.3	2.7	5.4	12.6
7b	64.2	3.2	11.3	21.3
8a	59.8	1.5	13.0	25.7
8b	34.2	4.7	11.9	49.2
9a	55.9	28.0	5.8	10.3
9b	52.5	25.4	6.3	15.8
10a	47.5	10.4	13.0	29.1
10b	36.7	12.4	20.2	30.7
11a	21.1	51.3	11.5	16.1
11b	18.9	34.8	16.3	30.0
12a	62.5	22.2	2.6	12.7
12b	36.5	25.4	5.3	32.8
13a	93.1	3.1	1.2	2.6
13b	83.3	3.7	3.6	9.4

註：a為高中生，b為國中生。

就是說學生最欠缺的是遺傳學的結構性知識，無法將生物外表的「巨觀」性狀，與「微觀」遺傳構造連結，以致於無法正確思考「符號表徵」的遺傳定律與解題。本研究遺傳部分各個重要概念命題之雙向細目表如表1所示。將以上學生最欠缺之「微觀」概念7題，占一半以上之比例，而發展後之二階

表3：演化二階層診斷問卷各題學生答題類型及各類型分布情形

題號	答案百分比(%)			
	事實對理由對	事實對理由錯	事實錯理由對	事實錯理由錯
1a	46.9	1.9	20.9	30.3
1b	26.2	6.7	24.5	42.6
1c	16.3	6.6	39.2	37.9
2a	24.8	6.2	25.2	43.8
2b	15.0	4.9	24.3	55.8
2c	9.2	13.0	17.6	60.2
3a	22.9	25.5	2.7	48.9
3b	9.0	26.7	2.5	61.8
3c	11.8	38.5	3.2	46.5
4a	28.3	45.7	1.2	24.8
4b	14.4	41.1	2.5	42.0
4c	5.2	49.7	3.3	41.8
5a	64.3	20.6	2.8	12.3
5b	46.3	24.3	5.8	23.6
5c	37.3	9.8	4.5	48.4
6a	68.6	4.7	3.9	22.8
6b	42.4	5.9	5.8	45.9
6c	10.5	10.4	3.9	75.2
7a	49.6	45.4	0.8	4.2
7b	24.5	63.4	1.6	10.5
7c	10.5	52.9	3.2	33.4
8a	64.2	0.4	4.7	30.7
8b	46.1	2.4	5.6	45.9
8c	30.7	2.6	0	33.7
9a	15.2	17.5	56.8	10.5
9b	14.1	27.4	49.5	9.0
9c	9.2	45.0	22.2	23.6
10a	56.8	18.3	6.2	18.7
10b	33.9	18.2	10.6	37.3
10c	15.7	13.7	5.9	64.7
11a	77.3	4.7	0.8	17.2
11b	59.1	9.9	4.2	26.8
11c	24.8	28.1	2.7	44.4
12a	48.5	16.8	3.5	1.2
12b	64.3	25.4	4.8	5.5
12c	24.8	49.7	5.3	20.2

註：a為高中生，b為國中生，c為國小生。

層診斷問卷之施測結果如表2及圖1所示。由圖1結果顯示，在試題第4題及第11題完全答對之比例最低，只約四分之一的學生完全瞭解該概念。其中第4題係針對「個體內不同型態或功能的細胞擁有相同之遺傳物質」，屬「微觀」概念，此題高中生較國中生有較高之答對比例，而事實選項答對之學生約三分之一並不清楚其真正理由。而第11題係針對「基因、染色體與DNA的關係」加以命題，結果只有約五分之一的學生完全瞭解，而絕大部分事實選項答對之學生，其實並不瞭解其真正意義，此與前文描述之現象吻合，缺少「基因」、「染色體」等構造的「微觀」概念。

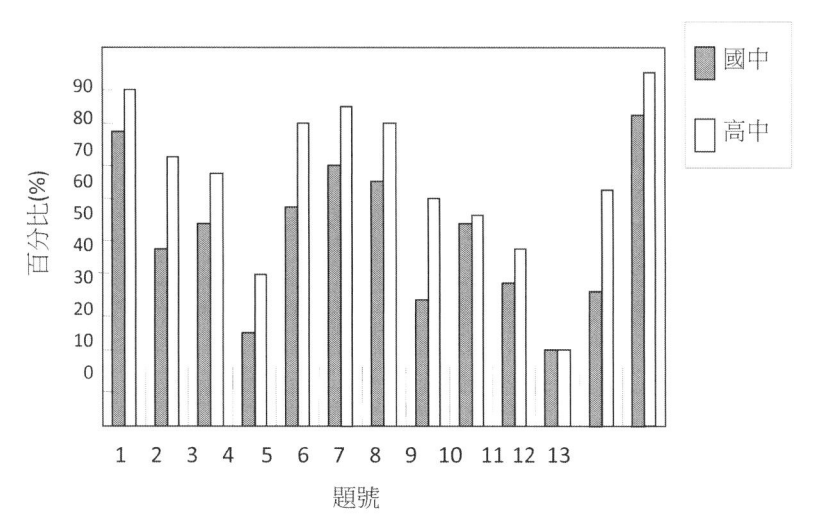

圖1：不同年級學生在遺傳概念各題的答對情形

二、演化概念研究

本研究初期先分析國中生物課程(89年版)第九章之相關概念，確定內容的延伸性與概念的相關性，列出命題陳述，並依此繪製相關概念圖(附錄二)，經由與三位中學教師與兩位專家審閱，依據審查意見加以修改。接著，分析國內外相關文獻，並與三位資深中學教師討論，以確立涵蓋之主題範圍以及探究之主要概念(如表4)。本研究聚焦於下列五大核心概念：(一)生物具有演化的現象、(二)生物演化為何發生、(三)生物演化如何發生、(四)演化與適應，以及(五)遺傳與生物演化的關係。

表4：本研究欲探究之主要概念

內容類別		命題分析
A. 生物具有演化的現象	A1	地球上的各種生物會隨著時間與環境而產生改變，稱為生物演化。
	A2	不同生物可能由同一祖先演化而來。
	A3	演化為族群內具某一特徵的個體數比例之改變，並非單一個體特徵上的改變。
B. 生物演化為何發生	B1	自然界中演化的進行是因大自然的選擇作用。
	B2	演化不具有預設目的。是隨機的，也沒有方向性。
	B3	退化、進化都是演化。
	B4	人為的選擇作用也是一種演化。
C. 生物演化如何發生	C1	同一物種的不同個體，它們的性狀彼此間常有差異，稱為變異。
	C2	變異使同一物種的不同個體適應環境的能力不相同。
	C3	適應環境的個體生存，有較高機會產生後代，使具適應特徵的個體比例增加。
	C4	每一族群在生殖季裡所生出的後代數量遠超過其所處環境所能提供的最大負荷量。
	C5	族群個體數太多時，彼此會競爭資源。
	C6	資源的競爭可能影響族群內不同個體的存活率，因而造成演化。
D. 演化與適應	D1	個體層次的適應為個體在生活史中形態上、生理上或是行為上的改變。
	D2	適應可指生物個體對某特定環境適應後的的性狀特徵。
		族群層次的適應為族群內可遺傳適應特徵的增加。
E. 遺傳與演化的關係	E1	生物的遺傳變異為造成演化的條件之一。
	E2	突變與基因再組合為造成遺傳變異的因素。
	E3	遺傳變異的產生多是隨機的，不預設方向。

　　本研究將與7位國一學生(尚未接受正式演化課程教學)與6位國二學生(已經接受過正式演化課程教學)訪談所收集到的資料，依據前述確立之命題內容分類方式(表4)，分析國中學生的演化先存概念與另有概念(表5)。

　　綜合訪談結果，學生對於演化的先存概念大部分都是與現今科學理論不相符的另有概念，即使是學過演化與遺傳正式課程的國、高中學生，仍然表

表5：為收集到的另有概念對應問卷中理由選項之雙向細目表

內容類別		主要另有概念	理由選項題號
A.生物具有演化的現象	1	單一個體的性狀發生改變即是演化	5D、4B
	2	外在形態發生的改變才能算是一種演化	5E、4D
	3	植物不會發生演化，只有動物才會	7A、7B
	4	人為力量不能造成生物演化	4A
	5	演化發生在一個世代之內，時間必須很快	12A
B.生物演化為何發生	6	只有在「生物需求」的生存壓力之下，演化才會發生	5A、11A
C.生物如何發生演化	7	「強者」就是「適者」	8A
	8	生物可以主動決定自己演化的方向	7C、9A、10C
	9	以「用進廢退」解釋生物演化的發生	2A
D.演化與適應	10	個體適應就是演化	5B
E.遺傳與演化的關係	11	生物演化與遺傳無關	10C
	12	基因的突變具有目的性，由環境條件決定	10B
	13	後天獲得的性狀可以遺傳	6B
	14	後天獲得的性狀可導致基因改變，遺傳給後代	2B、10A

現出許多另有概念。整理上述由訪談樣本收集到的學生另有概念後，依據這些收集到的另有概念來建立兩段式診斷測驗問卷理由選項。表5為收集到的另有概念對應問卷中理由選項之雙向細目表。並據此發展出兩段式兩診斷測驗問卷，進行大量施測，將大量施測所收集到的結果進行統計分析，呈現學生的概念分布情形。

而發展後之演化二階層概念診斷問卷施測結果如圖2及表3所示。在正式演化教學之前，學生對演化現象已經具有許多先存概念，這些先存概念大部分都是另有概念。由小六學生所得的訪談結果與問卷施測結果，分析其答對率與各理由選項的分布情形，小六學生已對演化現象具備許多想法，但是這些想法都是不符合科學理論的。學習過國中演化課程之後，國中學生的另有概念比例下降。經由統計分析顯示，國中學生的得分與小六學生間分別都有顯著差異，再分析理由選項的分布情形，國中學生持有另有概念的比例下降，小六學生的另有概念類型比例較高，分布也較為平均。即使已學習過演化課程，部分學生仍持有另有概念。分析國中學生所選擇的理由選項，除了1、9、11、12題的答對率超過50%，其他各題的選擇結果都顯示學生仍具相

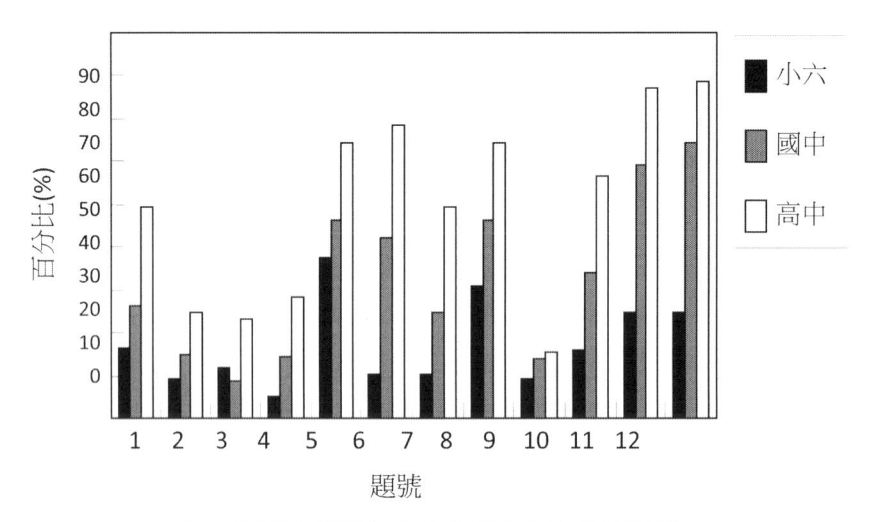

圖2：不同年級學生在演化概念各題的答對情形

當的另有概念。其中第9題答對比例皆低於20%，此顯示學生對「生物如何發生演化」之相關概念，仍有所混淆。其中第3題，約一半的學生雖然事實選項正確，但卻不清楚其真正原因，為一較奇怪之現象。在高中學生部分，其答對情形普遍皆較國中生高，且在各題之分布情形與國中學相當一致。

參、教學建議

本研究呈現了國、高中學生可能的先存概念與另有概念，並分析國中、高中教材以瞭解其呈現方式與學生另有概念間的關係，以謀求策略以改善學生遺傳及演化的另有概念。並推論其另有概念的來源與成因，希望起自於學生的想法，幫助教學策略的改進，使學生遺傳與演化概念學習的問題獲致一些改善。

從教材分析發現：

一、國中自然生活與生活科技：遺傳相關內容

（一）DNA、染色體與基因的關係不能連結。

（二）先講述了許多無性生殖、有性生殖的事例，後說明細胞分裂的意義，生殖概念基礎不夠扎實。

（三）在生殖與遺傳的概念無法銜接，主要是染色體的複製分離與基因的分配無法連結。

二、高中生命科學：遺傳相關內容

（一）實際上並未有以下染色體的型態出現，此種棒狀染色體模式固然在有絲分裂過程中具有概念解說上的優勢，但卻容易造成學生對染色體實際構造的錯誤想法如染色體如啞鈴般的剛性，而這種想缺法可能對爾後染色體發生互換或結構改變如缺失、重複、倒位與易位產生理解上的困難。建議配合洋蔥根尖圖與人類或果蠅染色體的核型圖的觀察，對應有絲分裂的模式階段，再進一步解說染色體模式圖的意義。

（二）雖然經過顯隱性的定義，所謂顯性是F1出現的性狀，但學生往往會注意到F2中顯性個體比隱性個體多(3:1)加上許多疾病為隱性遺傳的例子或者字意的直接聯想，顯性(明顯故多)，隱性則相反。內容中選擇一些實例加以呈現，讓老師注意到也可配合引用問題深入思考，如：若亨丁頓舞蹈症為顯性遺傳疾病不利天擇如何延續等進階問題。

（三）這個概念的重要性在於學生分別學了古典遺傳與分子遺傳對性狀，一個由巨觀推測微觀的機制，另一個則是由觀推論到巨觀的機制，但可惜的是，大多數的學生無法連結這兩個不同的解釋觀點。古典遺傳的觀點為性狀(巨觀)由基因(微觀)控制，但分子生物的觀點則是DNA控制蛋白質的形成(微觀)進而影響性狀的表現(巨觀)，其中對於性狀與蛋白質的關聯，或顯隱性基因與蛋白質表現的關聯，各版本在圖文的表徵上交代不清，會使得這兩類解釋系統難以達成意義化的連貫。這個問題可試著讓學生以分子遺傳的觀點為耳垂分離或緊貼的現象提出解釋。

三、國中自然與生活科技:演化相關單元

（一）無論在實驗的操作與描述上，或情境題討論，學生易加強D10個體適應就是演化想法。

（二）介紹人擇時未舉適當的例子說明，易造成A4人為力量不能造成生物演化與C3以「用進廢退」解釋生物演化的發生，並造成人擇與天擇觀念

的混淆。

（三）年代示意圖，無法解決學生對演化時間長短無概念(A5)，演化發生在一個世代之內，時間必須很快的問題。

（四）在實驗的操作與描述上，學生很難自己從中類推，改變另有概念。

（五）在某些版本的實驗中，學生會加深其「演化有預設及方向性」、「進化才是演化」的想法。

四、高中生命科學：演化相關內容

（一）文中所述「生存競爭使族群中體弱者或餓死者逐漸被自然淘汰。」可能使學生誤會「強者即適者」

（二）「地理隔離產生異域成種作用」與「生殖隔離產生同域成種作用」容易引起學生誤解。

　　本研究結果並不具有教室觀察的基礎，也未涉及學生認知結構的發展如何影響學生在遺傳與演化主題上學習的因素，概念改變的模式亦未被探討，這些可留待其他文章探討。

延伸閱讀

1. Glynn, S. M., Yeany, R. H., & Britten, B. K. (1996)。**科學學習心理學**(*The psychology of learning science*；熊召弟、王美芬、段曉林、熊同鑫譯)。臺北市：心理。(原作出版於1991年)
2. 黃秀英(1999)。**國中生物科文本調整與學生閱讀理解之研究**。未出版之碩士論文，國立高雄師範大學特殊教育學系，高雄市。
3. 黃臺珠(1990)。中學生遺傳相關概念錯誤類型的探討。**科學教育月刊**，**133**，34-53。
4. 楊坤原、鄭湧涇(1997)。高一學生遺傳學解題表現與解題策略之研究。**科學教育學刊**，**5**(4)，529-555。
5. 劉和義(1994)。**學生演化概念的發展評估與診斷教學之研究(I)** (NSC-79-0111-S-110-05-D)。臺北市：行政院國科會科資中心。
6. 薛靜瑩(1998)。**國小國中學生的遺傳先前概念**。未出版之碩士論文，國立臺灣師範大學生物學研究所，臺北市。

7. Ausubel, D. P. (1968). *Educational psychology: A cognitive view*. New York, NY: Holt, Rinehart and Winston.
8. Bahar, M., Johnstone, A. H., & Hansell, M. H. (1999). Revisiting learning difficulties in biology. *Journal of Biological Education, 33*(2), 84-86.
9. Bishop, B. A., & Anderson, C. W. (1990). Student conceptions of natural selection and its role in evolution. *Journal of Research in Science Teaching, 27*(5), 415-427.
10. Brumby, M. (1979). Problems in learning the concept of natural selection. *Journal of Biological Education, 13*(2), 119-122.
11. Brumby, M. N. (1984). Misconceptions about the concept of natural selection by medical biology students. *Science Education, 68*(4), 493-503.
12. Clough, E. E., & Wood-Robinson, C. (1985). How secondary students interpret instances of biological adaptation. *Journal of Biological Education, 19*(2), 125-130.
13. Cummins, C. L., Demastes, S. S., & Hafner, M. S. (1994). Evolution: Biological education's under-researched unifying theme. *Journal of Research in Science Teaching, 31*(5), 445-448.
14. Deadman, J. A., & Kelly, P. J. (1978). What do secondary school boys understand about evolution and heredity before they are taught the topics? *Journal of Biological Education, 12*(1), 7-15.
15. Demastes, S. S., Good, R. G., & Peebles, P. (1995). Students' conceptual ecologies and the process of conceptual change in evolution. *Science Education, 79*(6), 637-666.
16. Ferrari, M., & Chi, M. T. H. (1998). The nature of naïve explanation of natural selection. *International Journal of Science Education, 20*(10), 1231-1256.
17. Greene, E. D. (1990). The logic of university student's misunderstanding of natural selection. *Journal of Research in Science Teaching, 27*(9), 875-885.
18. Lawson, A. E., & Thompson, L. D. (1988). Formal reasoning ability and misconceptions concerning genetic and natural selection. *Journal of Research in Science Teaching, 25*(9), 733-746.
19. Lazarowitz, R., & Shemesh, M. (1989). Pupils reasoning skills and their mastery of biological concepts. *Journal of Biological Education, 23*(1), 59-63.
20. Lewis, J., & Wood-Robinson, C. (2000). Gene, chromosomes, cell division and inheritance-do students see any relationship? *International Journal of Science Education, 22*(2), 177-195.
21. Novak, J. D., & Musonda, D. (1991). A twelve-year longitudinal study of science concept learning. *American Educational Research Journal, 28*(1), 117-153.

22. Settlage, J. (1994). Conceptions of natural selection: A sense-making process. *Journal of Research in Science Teaching*, *31*(5), 449-457.
23. Strike, K. A., & Posner, G. J. (1985). A conceptual change view of learning and understanding. In L. H. T. West & A. L. Pines (Eds.), *Cognitive structure and conceptual change* (pp. 211-231), Orlando, FL: Academic Press.
24. Trowbridge, J. E., & Wandersee, J. H. (1994). Identifying critical junctures in learning in a college course on evolution. *Journal of Research in Science Teaching*, *31*(5), 459-473.

第三章 中學生重要科學概念學習現況及教學改善策略研究：遺傳與演化概念

附錄

附錄一：遺傳概念圖

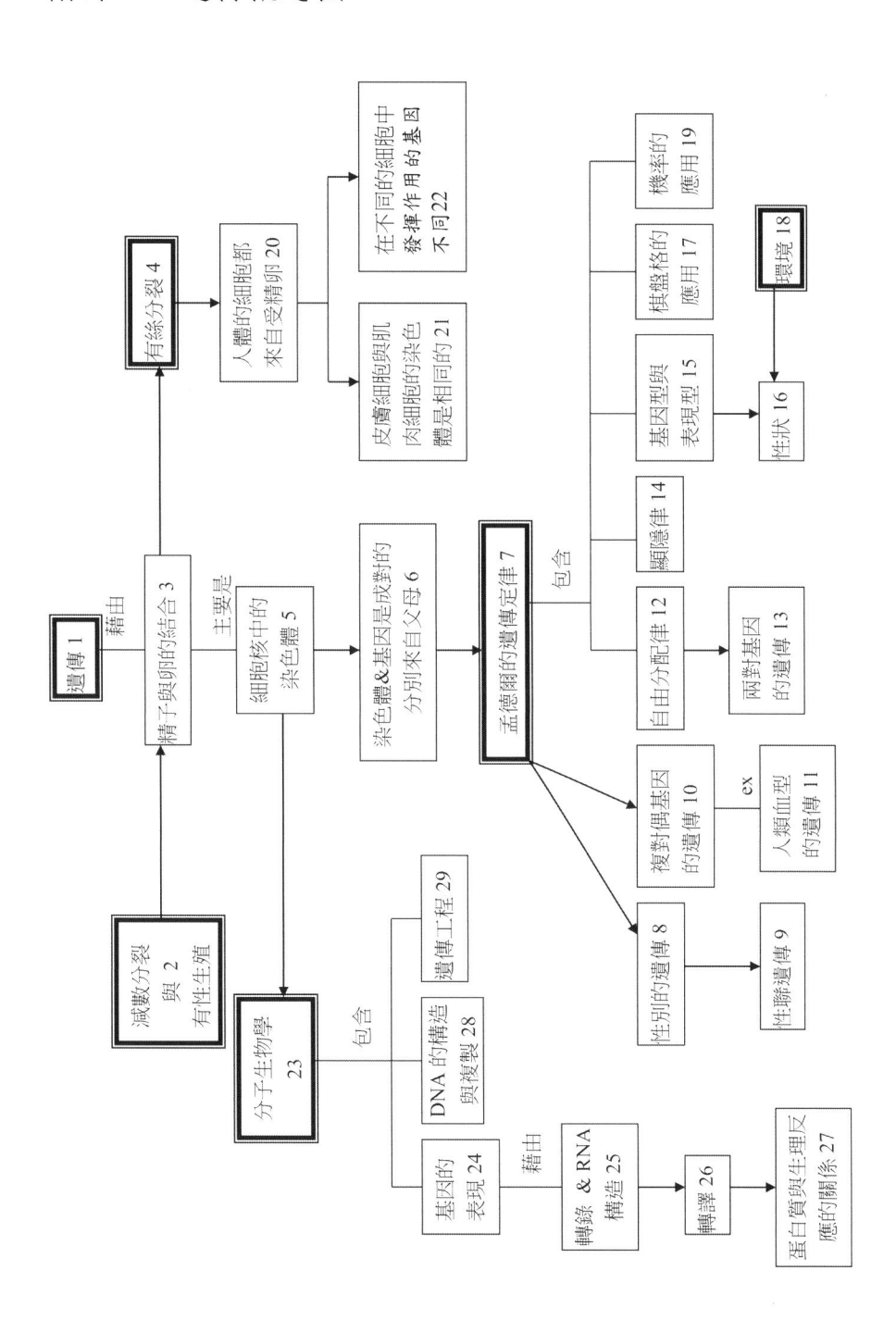

附錄二:演化概念圖

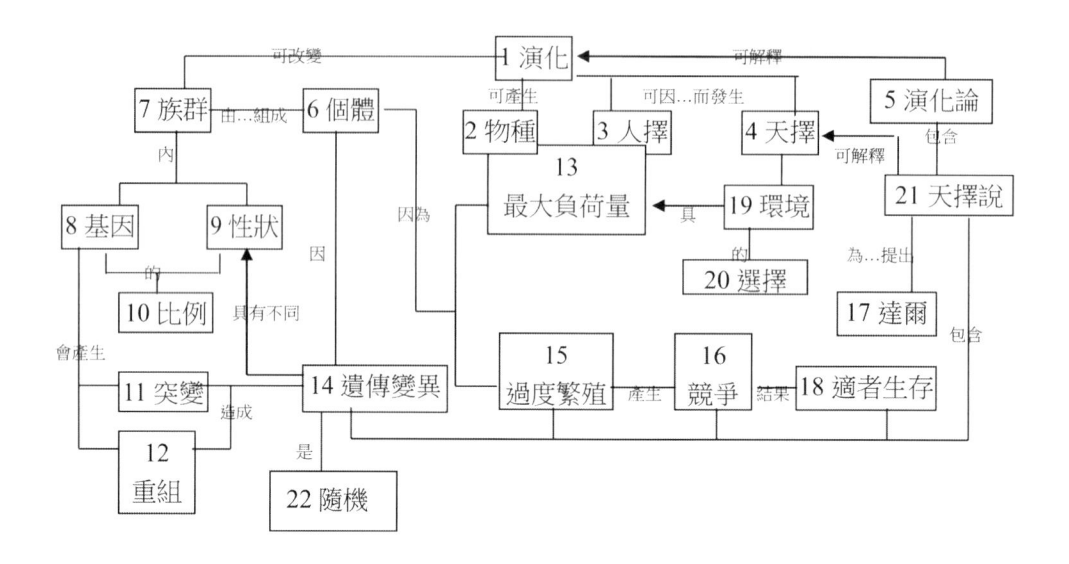

```
                              可改變         1 演化    ←可解釋──
        ┌─────────────────────┘    ↓    ↓    ↓              │
     7 族群 ──由...組成── 6 個體   可產生 可因...而發生        5 演化論
        │                 │    ┌───┼───┐                    │包含
     內 │                 │  2 物種 3 人擇  4 天擇 ←可解釋── 21 天擇說
        │                 │         13                     │
     ┌──┴──┐              │     最大負荷量 ← 其 ── 19 環境  │為...提出
     8 基因  9 性狀        因為                  的↓         │
        │的  ↑            │                  20 選擇     17 達爾文
      10 比例 │具有不同                                       包含
        │                                                    │
     會產生  ┌─────┐                                          │
     11 突變─14 遺傳變異─ 15 過度繁殖 ─產生─ 16 競爭 ─結果─ 18 適者生存
     造成    │
     12 重組 │是
            22 隨機
```

附錄三：遺傳與演化概念問卷

　　　　　　　　　　　　　　　　　　　　___年___班 座號：_____

※請將選擇題答案寫在答案卷中，若第(2)題選擇「其他」者，請將理由直接寫在本題本中。

(一) 遺傳概念問卷

1. 兄弟姊妹都是同一對父母生的，所以：

　　(　　)(1) 兄弟姊妹的特徵彼此相似的程度是：
　　　　(A) 彼此間有些相似，但是又不完全一樣。
　　　　(B) 應該完全一樣。
　　　　(C) 應該完全不一樣。

　　(　　)(2) 為什麼？
　　　　(A) 兄弟姊妹的染色體都是來自同一對父母親的精子與卵，但是父親和母親都會產生多種遺傳物質組合的精子與卵。
　　　　(B) 父母親產生的精子與卵，染色體的數量都不相同。
　　　　(C) 同一對父母親生的小孩，他們的遺傳基因都應該完全相同。
　　　　(D) 其他：_____

2. 我們都是父母生的，所以我們都會有某些特徵像父親、某些特徵像母親。

　　(　　)(1) 我們與父母親相似的程度是：
　　　　(A) 男生都比較像父親、女生都比較像母親。
　　　　(B) 女生都比較像父親、男生都比較像母親。
　　　　(C) 除了性別以外，每一種特徵都有可能像父親或是像母親。
　　　　(D) 不論男女都比較像母親
　　　　(E) 其他：_____

　　(　　)(2) 為什麼？
　　　　(A) 父、母親遺傳給下一代的基因量不相同，父親遺傳的基因比較多，就比較像父親；母親遺傳的基因比較多，就比較像母親。

(B) 孩子都是在母親的子宮內發育的，所以都比較像母親。

(C) 因為經常有突變，所以不一定像父親或像母親。

(D) 父母親遺傳給下一代的染色體數量都相同，但是有些基因的作用沒有表現出來。

(E) 其他：＿＿＿＿＿＿＿＿＿＿＿＿＿＿＿＿＿＿＿＿＿＿＿＿＿＿

3. 基因是控制生物遺傳性狀的基本單位，請問：

(　　)(1) 甲：精子　乙：皮膚細胞　丙：肝細胞　以上的人類細胞那些含有基因？

(A) 甲乙丙　(B) 甲　(C) 乙　(D) 甲乙

(E) 其它：＿＿＿＿＿＿＿＿＿＿＿＿＿＿＿＿＿＿＿＿＿＿＿＿＿＿

(　　)(2) 為什麼？

(A) 只有生殖細胞才有基因

(B) 只有生殖細胞和外表的細胞才有基因

(C) 有核的細胞都有具有基因

(D) 其他：＿＿＿＿＿＿＿＿＿＿＿＿＿＿＿＿＿＿＿＿＿＿＿＿＿＿

4. 你身上的肌肉細胞與骨骼細胞的形態及功能都不相同，請問：

(　　)(1) 它們的染色體是否相同？(A)相同　(B)不相同　(C)不一定

(　　)(2) 為什麼？

(A) 在胚胎發育過程中，染色體不相同的細胞發育成各種不同形態及功能的細胞。

(B) 都來自同一個受精卵分裂而成的。

(C) 染色體相同，但是在不同細胞中，染色體上的基因就不相同。

(D) 二種細胞的染色體彼此不相同，但是肌肉細胞的染色體會與父、母親肌肉細胞的染色體相同。

(E) 其他：＿＿＿＿＿＿＿＿＿＿＿＿＿＿＿＿＿＿＿＿＿＿＿＿＿＿

5. 假設老鼠的尾巴長短是可以遺傳的，而且長尾巴是顯性的、短尾巴是隱性的。

(　　)(1) 如果有兩隻長尾巴的老鼠(如右圖)，交配後生下來的小老鼠是否有可能是短尾巴的？

(A) 有可能　(B)不可能

(　　)(2) 為什麼？
(A) 很可能是突變。
(B) 兩隻老鼠可能都帶有短尾巴的隱性基因，因此後代有1/4的機率是短尾巴。
(C) 這兩隻老鼠可能都帶有短尾巴的隱性基因，因此後代有1/2的機率是短尾巴。
(D) 這兩隻老鼠都沒有短尾巴的基因。
(E) 其他：＿＿＿＿＿＿＿＿＿＿＿＿＿＿＿＿

6. 如果上題中的兩隻長尾巴的老鼠，從小尾巴就被主人剪短了，則

(　　)(1) 牠們交配後生下來的小老鼠，其尾巴長短的比例是否仍和上題相同？
(A)相同　(B)不同

(　　)(2) 為什麼？
(A) 父母尾巴變短了，後代短尾巴的機率就提高了。
(B) 尾巴被剪短了，但是控制尾巴長度的基因並沒有改變。
(C) 尾巴沒有基因。
(D) 控制尾巴長度的基因並不存在精子與卵中，所以不會影響下一代。
(E) 其他：＿＿＿＿＿＿＿＿＿＿＿＿＿＿＿＿

7. 人類的嬰兒都是由受精卵發育來的，但是性別卻有男女之分：

(　　)(1) 性別是如何決定的？
(A) 由母親的卵決定的。
(B) 由父親的精子決定的。
(C) 出生以後的發育過程中慢慢決定的。
(D) 由精子與卵共同決定的。

(　　)(2) 為什麼？
(A) 主要是由母體的生理環境來決定。
(B) 父母親都有決定性別的基因。
(C) 父親的精子，依其所攜帶的性染色體可以分為X、Y兩種。

(D) 母親的卵子，依其所攜帶的性染色體可以分為X、Y兩種。
(E) 其他：＿＿＿＿＿＿＿＿＿＿＿＿＿＿＿＿＿＿＿＿

8. 科學家製造複製羊的過程為：
   a.選擇三隻母羊，假設代號為A、B、C。
   b.將A羊的乳腺細胞的細胞核取出。
   c.將B羊卵細胞的細胞核去除，然後植入A羊的細胞核。
   d.將這個卵植入C羊的子宮中發育。

(　　)(1) 請問發育出來的複製羊到底長的像哪一隻羊媽媽？
   (A) A羊　(B) B羊　(C) C羊　(D) 不一定

(　　)(2) 為什麼？
   (A) 基因在細胞核中。
   (B) 發育的場所才是主要的關鍵。
   (C) 卵細胞是B羊提供的，基因都是B羊的。
   (D) 基因已經重新組合過了。
   (E) 其他：＿＿＿＿＿＿＿＿＿＿＿＿＿＿＿＿＿＿＿＿

9. 有某種生物具有兩對染色體，如右圖(甲是雄性、乙是雌性)。

(　　)(1) 它們交配後，產生的後代的染色體應該是
   (A)　　(B)　　(C)　　(D)
   (E) 其他：＿＿＿＿＿＿＿＿＿＿＿＿＿＿＿＿＿＿＿＿

(　　)(2) 為什麼？
   (A) 子代染色體由雄、雌個體各提供一半。
   (B) 染色體全部由雄性提供。
   (C) 染色體全部由雌性提供。
   (D) 子代染色體由雄、雌個體各提供一對。
   (E) 其他：＿＿＿＿＿＿＿＿＿＿＿＿＿＿＿＿＿＿＿＿

10. 蜜蜂的蜂后經減數分裂製造卵，與雄蜂交配後，有受精的卵則發育成雌蜂，沒有受精的卵則直接發育為雄蜂，請問：

　（　　）(1) 生育哪一種蜂的過程屬於有性生殖？
　　　　　(A) 只有雌蜂
　　　　　(B) 只有雄蜂
　　　　　(C) 雌蜂、雄蜂皆是
　　　　　(D) 雌蜂、雄蜂皆不是。

　（　　）(2) 為什麼？
　　　　　(A) 只要有減數分裂的過程就屬於有性生殖。
　　　　　(B) 只要有受精的過程就屬於有性生殖。
　　　　　(C) 只要有交配的過程就屬於有性生殖。
　　　　　(D) 其他：_____

11. 「染色體」、「DNA」、「基因」三者與遺傳有關，請問：

　（　　）(1) 你同意下列哪種說法？
　　　　　(A) 「染色體」、「DNA」、「基因」三者的意義是相同的。
　　　　　(B) 「染色體」、「DNA」、「基因」三者的意義是相同的。

　（　　）(2) 為什麼？
　　　　　(A) 一條染色體上有許多條DNA。
　　　　　(B) 一條DNA上有許多條染色體。
　　　　　(C) 一條染色體是一條DNA，一段DNA可能就是一個基因。
　　　　　(D) 染色體就是基因，基因就是DNA。
　　　　　(E) 其他：_____

12. 俗語說：「女大十八變」，小時候是醜小鴨，長大卻變成了天鵝，為什麼呢？

　（　　）(1) 你認為動物幼年時期與長大後的遺傳物質相比，是否相同？
　　　　　(A) 相同
　　　　　(B) 不同
　　　　　(C) 其他：_____

(　　)(2) 為什麼？
    (A) 因為由小到大的生長過程中，遺傳物質會逐漸改變。
    (B) 因為由小到大的生長過程中，遺傳物質不會改變，但所使用的基因不同。
    (C) 因為青春期後基因就會發生改變。
    (D) 其他：＿＿＿＿＿＿＿＿＿＿＿＿＿＿＿＿＿＿＿＿

13. 愛麗絲正幫忙撲克牌王國裡的士兵，把花園裡所有的白花用油漆塗成紅色的，愛麗絲一邊塗一邊說：「加油啊！只要我們把他們全部塗成紅色的，以後開出來的花就全部都是紅色的了！」女王從旁邊經過，聽到後大喝一聲：「胡說八道！至少要塗個三遍，才有可能讓以後的花都開紅色的！」

(　　)(1) 你覺得誰說的對？
    (A) 愛麗絲　(B) 女王　(C) 兩個都對
    (D) 兩個都不對　(E) 其他：＿＿＿＿＿＿＿＿＿＿＿＿

(　　)(2) 為什麼？
    (A) 在花瓣上塗顏色，只影響外表沒有改變內在遺傳，所以不會影響下一次開花。
    (B) 在花瓣上塗顏色必須要塗多次，才能讓顏料滲透進去，以後才會開紅花。
    (C) 只要花粉染成紅色的，以後就會開紅花。
    (D) 其他：＿＿＿＿＿＿＿＿＿＿＿＿＿＿＿＿＿＿＿＿

(二) 演化概念問卷

1. 小文說：「雖然現在有猴子也有人類，但是人類的確是由猴子演化來的。」

(　　)(1) 你同意這樣的說法嗎？　(A) 同意　(B) 不同意

(　　)(2) 為什麼？
    (A) 人類不一定由猴子演化來的，但是人類與猿猴可能是由同一種猿猴類祖先所演化出的不同生物。
    (B) 人類是少數猴子無法適應當地的環境，想辦法改變自己身上的特徵而演化來的。

(C) 一種生物演化變成另一種生物後，就不是原來的樣子了，所以猴子演化成人類之後，猴子應該就消失不見了。

(D) 現生的猿猴因為演化的速度較慢，還來不及演化成人類，於是保留成猴子的模樣。

(E) 現在的有些人種還保留著猿猴的特徵，例如外國人的體毛特別多。

2. 小如認為：「人類不需要使用尾巴，尾巴就會一代比一代短，慢慢退化消失，直到後代不會長出尾巴」

( )(1) 你同意這樣的說法嗎？ (A) 同意 (B) 不同意

( )(2) 為什麼？

(A) 器官若不經常使用，便會自然退化萎縮。若一對夫妻的尾巴因此退化萎縮，這對夫妻生出的後代就是尾巴退化萎縮的個體。不管遺傳物質改不改變，經過好幾代之後，後代就沒有尾巴了。

(B) 器官若不經常使用，便會自然退化萎縮。若一對夫妻的尾巴因此退化萎縮，這樣會影響到體內的遺傳物質，使他們生出的後代變成尾巴退化萎縮的個體。經過好幾代之後，後代就沒有尾巴了。

(C) 因為體內遺傳物質的變化或重組，具有尾巴的個體可能生出尾巴退化消失的後代，碰巧當時環境的變化適合尾巴退化的個體，所以現在的人類都沒有尾巴。

3. 市面上研發出一種新型殺蟲劑來撲殺蚊子，剛開始，這種殺蟲劑的效果很好，大部分的蚊子似乎都無法抵抗。但是一段時間之後，漸漸發現殺蟲劑的效果越來越差，對這種殺蟲劑具有抵抗性的蚊子比例越來越多。

( )(1) 如果沒有使用這種殺蟲劑，是否有蚊子可能對這種殺蟲劑具有抵抗性？(A) 是 (B) 否

( )(2) 為什麼？

(A) 當一隻蚊子被噴灑了殺蟲劑之後，殺蟲劑會刺激這隻蚊子本身產生抗體來對抗殺蟲劑，下一次噴灑殺蟲劑，就有抵抗力了。

(B) 有一些蚊子在使用殺蟲劑之前，便可能對這種殺蟲劑有抵抗力了。

(C) 噴灑殺蟲劑對蚊子個體的生存壓力太大，因而有些對殺蟲劑不具抵抗力的蚊子能改變個體本身的基因，來產生抵抗力。

(D) 噴灑殺蟲劑對蚊子個體的生存壓力太大，因而有些對殺蟲劑不具抵抗力的蚊子能改變個體本身的基因，來產生具有抵抗力的後代。

4. 接續第3題。

(　　)(1) 請問「對此種殺蟲劑具有抵抗性的蚊子越來越多」是不是「演化」的現象　(A) 是　(B) 否

(　　)(2) 為什麼？

(A) 這是因人為力量造成蚊子的改變，不能算是一種演化現象。只有在自然環境中，蚊子自然的變化，才是一種點演化現象。

(B) 不管是不是人為力量造成的改變。若是有一隻蚊子，為了抵抗殺蟲劑，牠的身體內產生了一些變化來適應環境，這就是一種演化現象。

(C) 不管是不是人為力量造成的改變，有抗藥性的蚊子數量越來越多，沒有抗藥性的越來越少，這是一種演化現象。

(D) 不管是不是人為力量造成的改變，這只是蚊子身體內部的改變，不是外表形態的改變，不能算是一種演化現象。

5. 有一對夫妻從平地搬到高山上居住，剛開始因為高山空氣稀薄，造成體內缺氧，所以就出現了頭暈、呼吸困難的症狀，但是待在山上幾天之後，症狀就漸漸減輕了。研究結果發現，這是因為體內紅血球增生，使運送氧氣的紅血球數目增加。

(　　)(1) 你認為這對夫妻紅血球數量因為環境產生變化的過程是不是「演化」的現象？

(A) 是

(B) 不是

( )(2) 為什麼？
(A) 如果這對夫妻不改變血球數量就會死亡，必須演化才可以生活下去。
(B) 這是人體改變自己的血球數量去適應環境的現象，所以是一種演化現象。
(C) 這是人體改變自己的血球數量去適應環境的現象，但不一定會造成演化。
(D) 這是只是這對夫妻身體內部的變化，不能算是一種演化現象。

6. 接續第5題。
( )(1) 請你推測這對夫妻的小孩剛出生時的血球數量？
(A) 跟居住在平地的小孩大約一樣
(B) 比平地的小孩更多

( )(2) 為什麼？
(A) 這是生物體求生存的方式，否則小嬰兒的存活率會降低。
(B) 父母已經演化成為血球數量多的個體，這會遺傳給他們的小孩。
(C) 因為遺傳物質改變了，所以剛出生時跟高山的人一樣，紅血球是比較多的。
(D) 因為遺傳物質沒有改變，所以剛出生時跟平地的小孩一樣，在山上生活一段時間後，血球數量才會慢慢增加。

7. 沙漠裡的仙人掌的葉子是針狀的。
( )(1) 你認為仙人掌的針葉是因為演化而形成的嗎？
(A) 是　(B) 不是

( )(2) 為什麼？
(A) 植物不會發生演化，動物才會。
(B) 植物不會發生演化，最古老的仙人掌就只有針狀葉，才能在沙漠中存活至今，至於其他種沙漠植物的葉子太大都死光了。

(C) 植物會發生演化，有些仙人掌把自己的葉子慢慢捲曲縮小，一代一代變小，最後變成針狀，才能在沙漠中存活。

(D) 植物會發生演化，大葉、中葉、小葉的仙人掌不易生存，數量越來越少，只剩下現在沙漠中所看到的針葉仙人掌。

8. 甲動物的特徵是：高大，肌肉發達，跑步快，兇猛，肉食性。乙動物的特徵是：矮小，跑步速度中等、較溫馴、雜食性。

   (　　)(1) 請問當環境改變，兩種動物發生競爭，何種動物比較容易生存？

   　　(A) 甲　(B) 乙　(C) 無法判斷。

   (　　)(2) 為什麼？

   　　(A) 生物的競爭是很激烈的，甲動物的肌肉發達，兇猛強壯，很容易可以打敗乙動動，所以乙動物較容易被甲動物消滅。

   　　(B) 生物的競爭是很激烈的，甲動物的跑步速度較快，可以較快占據地盤並捕捉獵物，所以甲動物較容易生存。

   　　(C) 生物的競爭方式有很多種，矮小的動物容易躲藏以逃避天敵、雜食性較容易獲得食物，所乙動物較容易生存。

   　　(D) 生物的競爭方式有很多種，甲、乙兩種動物各有所長，適合的環境不同，因此無法判斷哪一種動物容易在變化後的環境生存。

第9題~第12題為一個題組，請閱讀下面說明後回答下列問題。

　　這是一個關於森林裡的老鼠發生演化的故事，一群老鼠住在森林中，剛開始，常常在森林裡發現白老鼠。後來，森林裡的環境變成灰灰的顏色，而老鷹是老鼠的天敵，會捕捉老鼠作為食物。經過一段時間之後，反而灰老鼠的數量越來越多。

　　下面有幾個小朋友的想法，請你仔細閱讀之後回答下列問題。

9. 小華認為「因為環境變成灰色的，因此老鼠的毛色會演化成灰色」

   (　　)(1) 你同意這樣的說法嗎？

   　　(A) 同意

   　　(B) 不同意

(　　)(2) 為什麼？
(A) 因為環境變成灰色的，白鼠容易被發現。白鼠個體為了避免老鷹發現，於是決定使自己新長出的毛變成灰色，漸漸變成灰鼠，以適應環境。
(B) 因為環境變成灰色的，白鼠容易被發現。白鼠為了避免老鷹發現，於是將自己塗成灰色，漸漸變成灰鼠。
(C) 因為環境變成灰色的，白鼠容易被發現。白鼠個體為了避免老鷹發現，可使自己突變生出一些灰鼠。雖然白鼠漸漸被抓完了，但是後代幾乎都是灰鼠。
(D) 不管環境什麼顏色，本來就有可能有少數灰鼠，因為白鼠比較容易被抓，白鼠越來越少，灰鼠越來越多，使生出的後代大部分都是灰鼠。

10. 小明又認為「為了後代的生存，白鼠個體將自己的毛色都變成灰色之後，所生下的小老鼠毛色也是灰色的。」

(　　)(1) 你同意這樣的說法嗎？　(A) 同意　(B) 不同意

(　　)(2) 為什麼？
(A) 因為環境是灰色的，白鼠為了生存將毛色變成灰色之後，遺傳物質跟著發生改變，才能生下灰鼠。
(B) 環境是灰色的，這使得白鼠的遺傳物質發生改變之後，毛色變成灰色，後代也變成灰鼠。
(C) 白鼠為了適應環境求生存的需要，白鼠可以讓自己與後代的毛色改變，跟遺傳物質改不改變無關。
(D) 不管環境的變化，只要遺傳物質有所改變，白鼠本來就有可能生下灰鼠或其他顏色的老鼠。

11. 小英認為「如果老鼠生活在沒有老鷹或其他天敵的環境，就不會發生演化」

(　　)(1) 你同意這樣的說法嗎？
(A) 同意
(B) 不同意

(　　)(2) 為什麼？
　　(A) 只有在適應環境求生存的壓力之下，生物的特徵才能發生改變。
　　(B) 既然已經生活在沒有天敵的環境中，老鼠生活的很快樂，並不會發生演化。
　　(C) 即使是生活在沒有天敵的環境，老鼠仍會鍛鍊自己而發生演化。
　　(D) 即使是生活在沒有天敵的環境，老鼠仍會因為競爭資源而發生演化。

12. 小雄認為「因為環境是灰色的，這一群老鼠的毛色必須立即改變成灰色」

(　　)(1) 你同意這樣的說法嗎？　(A) 同意　(B) 不同意

(　　)(2) 為什麼？
　　(A) 可以立刻長出灰色毛的白鼠個體會生存下來，否則就容易被天敵抓走，因而被淘汰。因此演化的時間必須很快。
　　(B) 每一代仍可能會生出白鼠或灰鼠，但是白鼠容易被天敵發現，存活率較低，容易被抓的白鼠數量不斷減少，不易被抓的灰鼠比例不斷增加，這需要一段時間。
　　(C) 原本的白鼠完全變成灰色毛必須經過很長的時間，下一代會形成白灰混雜的老鼠，一代比一代更顯出灰色，漸漸形成灰鼠。

謝謝你的耐心作答！

【第四章】統整教學與學生的統整概念

林陳涌

國立臺灣師範大學科學教育研究所教授
Email: lcy@ntnu.edu.tw

註： 本文內容與圖表主要採用自作者跟研究生過去的研究成果,如Lin與Hu (2003)、楊鈞媛(2007)。

壹、前言

　　課程統整是九年一貫課程的核心概念，其主要的呈現方式在課綱層次將原先物理、化學、生物與地球科學四個不同教學科目統整成自然科；在教學層次宣導以議題為中心的統整教學來涵蓋不同學科的內容，甚至更大的統整跨越自然學科到數學、語文、社會學科等等。兩個層次的統整均遭受學科本位的抗拒，雖然透過教師進修改變部分教師觀念與教學模式，但在整體成效上遠不如原先所預期。因此九年一貫課程實施至今，自然科教師的教學型態仍以分科教學為主(林明志，2005；許麗伶，2006)。統整對學習而言本是重要的能力與結果，尤其臺灣中學教育面對客觀式評量的主導所造成學生知識學習的零碎化，培育學生統整知識還是相當重要。從學科本位來看，單一學科內尚有不少的內容需要統整，不一定要捨近求遠全部去追求學科間的統整。本文跳脫橫向的學科間統整模式，提出縱向的學科內統整的觀念與作法，來促進生物科的教學成效。

貳、九年一貫課程的統整課程與教學

　　臺灣的升學考試主要採用客觀式評量的題型，學校評量也多跟著採用這類題型，如選擇題，頂多條列式簡答題，的評量方式。客觀式評量方式雖然可以減少主觀評定的疑義以減少糾紛，但是也影響教師教學與學生學習的重點。客觀式評量通常將評量內容侷限在較為小規模與確定範圍，這會影響教學時將學習材料分割成獨立的細微片段，這可使學習容易記憶，也可使學生在客觀式評量中能夠迅速的選出或擠出正確的答案。學生接受這種類型教育，學習結果大多是零碎化的知識概念，除了因為較缺乏概念間連結而較難產生長期記憶外，也較難對於學習材料產生全面與深刻的理解。課程與學習統整成為教育研究與實務所呼籲的重要方向。

　　課程統整的概念與美國20世紀前葉的進步主義發展有相當密切的關係，但在臺灣推動課程統整最為明顯的是九十年代末開始發展的國民教育階段的九年一貫課程。該課程以九年一貫為名稱主要是要將過去國中與國小分開發展的課綱整合在同一個連貫的課綱，此外該課綱也特別強調課程統整，首度以學習領域來取代個別學科來組織學習材料。因此，過去國中階段以物理、

化學、生物、地科分別規畫的學科材料就整合成一個自然科,甚至與之前的工藝課統整成自然與生活科技學習領域。另外在教學層次,九年一貫課綱推動時期,在同一領域內推動不同學科的合科教學,如物理、化學、生物與地科的自然領域統整,甚至也推動不同領域的合科教學,如自然領域與數學領域或語文領域的統整。在九年一貫課綱在教學層次推動統整教學,一時間在教師研習、研究計畫、與碩博士論文中統整課程與教學成為熱門題目。然而,九年一貫課綱卻受到學術界不少的質疑,這些質疑主要來自兩個方向,首先是來自學科專家的反對,他們認為課程的統整會瓦解其學科結構,導致反知主義;其次,課程統整會破壞現行學校以學科為本位的組織與教學結構(歐用生,2000)。九年一貫課綱雖然透過教師進修改變部分教師觀念與教學模式,但在整體成效上遠不如原先所預期,因此九年一貫課程實施至今,自然科教師的教學型態仍以分科教學為主(林明志,2005;許麗伶,2006)。

參、統整課程

　　帶有進步主義色彩的課程統整,在實施上經常是以重要的社會或生活問題或議題為基礎,讓學生批判性的探討真實議題與追尋必要的社會行動,目的在於促進學生個人與社會的結合(Beane, 1997)。課程統整的教材組織通常不考慮學科界線,而將獨立的學科知識或教學活動加以連結與整合,成為有意義的學習,可以讓學生在課程中更容易學習相互關連部分,也使學生更容易從中獲得知識與技能及學習態度(Beauchamp, 1983)。教育部所公布的課程統整手冊也類似的指出課程統整是一種課程設計的型態,將相關的知識、經驗組織在一起,使各領域的知識、經驗產生緊密連結,使得學生容易學到各種知識的關聯性與意義(中華民國課程與教學學會,2000)。而課程統整的意義不只是用來克服分科課程的缺點,課程統整對於現代社會有其特別的意義,現代社會不僅知識的產生急遽增加,而且新興的議題出現頻繁,課程的設計者在考慮何者知識該刪?何者知識該納入?課程統整是一重要與必要的課程組織方式。新興的社會議題的出現,通常參雜許多問題,這些問題必須關聯在一起探討來能呈現其面貌或被解決,學校教育一定要將知識加以組織,使教育更具有意義(歐用生,2000)。尤其現代學校教育被課表、科目、甚至評量所限制,知識架構被分割的支離破碎,學生難以面對或處理具有整

體性的現象；而統整學習可以促進學生深度思考，以探討、分析何瞭解問題。

　　文獻上提供了許多不同的課程統整模式，若以學科的角度來看，可以分為單學科課程統整、多學科課程統整與跨學科課程統整。多學科統整與跨學科統整雖然有不同的意義，但可以說是一種橫向的統整，過去推動課程統整與統整教學常是採用橫向的統整。橫向統整為了避免學科本位通常是以問題或社會議題為中心，但在實際教育現場卻比較受到小型學校或是小學階段學校所喜愛(Drake, 1998)。以臺灣科學教育研究最著名的期刊「科學教育學刊」刊登的論文來看，當以「統整」為關鍵字搜尋，搜尋結果的研究論文大都以小學自然科內容為主。但是到了中等教育或是高等教育階段，橫向統整所顯現出來各學科的「淺顯易懂」就可能會碰到學科本位的挑戰，這在自然學科則更為明顯(Roth, 1994)。因此，若要在國中以上階段進行橫向統整，則須要有較強的外部資源與引導，例如，彰師大郭重吉教授與其同僚帶領研究團隊執行國科會三年專題研究計畫，由17位資深在職教師，4位研究人員，共同開發了十三個統整教學模組。這些模組在經過教學現場試用、修正之後，選出其中五個模組，配合理論與實施心得編成「國中自然科統整課程教學模組實例」一書出版(郭重吉、李暉，2010)。這計畫在執行過程發現，剛開始教師雖然努力嘗試發展跨學科的統整，但最後所設計的仍是以事件為核心的「張網模式」，要真正進入跨學科統整，甚至要將知識、技能與態度統整在一起，通常要經歷兩年以上的密集研習與實做(郭重吉、李暉，2003)。這種橫向式的課程與教學統整與現行的中學學校結構相距甚遠，在沒有外在資源或是熱心的教授或教師的推動下，相信不太會有案例繼續發展與實施。

　　一般推動課程統多強調橫向統整，但是橫向統整的多學科與跨學科在實施過程遭受不小的阻力，應該可以回頭過來看單學科內課程的統整，這也比較符合臺灣中等以上教育學校的現況。單學科內統整應該也有適合橫向統整的教材內容，但有也有另一種統整模式，即縱向的統整。縱向統整主要是對於不同學習時段分開學習但具有高度相關的教材，進行加廣與加深的後續教學處理，讓學習者有繼續發展、重複練習的機會(黃政傑，1994，頁290-294)。在自然學科中，生物科是一個具有多階層性的學科，應該是一個適合使用縱向統整的科目。

肆、生物學知識的本質

　　生物學的本質與物質科學有很大的不同，生命世界看起來像是一個具有階層性的架構，在其中較底層的組成分子結合在一起形成一個較高一層的階層，然後再結合形成更高一層的階層。這些組成階層由最小基本粒子、有機分子、細胞、組織、器官、個體到生態，各有其特別的研究方向與方法；每一個階層的構造和功能都是一個專門的領域，各有其特殊的名稱，例如分子生物學、細胞學、解剖學、遺傳學、分類學、生態學等(Mayr, 1997)。一般物質科學的組成分子之間經常是線性的因果互動，但生命世界的組成分子之間卻是存在著網絡互動，因此組成分子之間的關係常是一個多重的互相依賴的網狀關係(Sattler, 1986)。

　　Fisher, Wandersee與Moody (2000)提出生物學知識有五點特性，第一，統整性，生物學知識包括了統整的網狀概念和獨立成套的知識；第二，廣闊的，現今生物學知識是廣闊的，持續演化的，有點結構不明確的以及會受到情境和方法影響的；第三，界線模糊的，生命本身的界線是模糊的、難以定義的，生物學知識亦然；第四，多次領域的，生物學知識包含大量的次領域，例如從分子到外星，從現在到遠古，分為許多學門；第五，獨特性，生物學知識會利用到物質科學知識，但是與物質科學有相當大的差異。而生物學最令人注目的應是其組成成份的階層性，及其各階層所衍生的知識。因此對生物學知識的教學，不能僅是讓學生學習到獨立的、條列式的概念知識，更要讓他們理解整體生命世界的組成與運作，也就是要完整理解這些不同階層組成分子的相互複雜的關係(Wandersee, Fisher, & Moody, 2000)。生物學知識具有階層性的、多次領域的特性，在進行教學時，更應以縱向和橫向的交叉連結來進行教學。然而，在大部分的生物學教科書和教學方式上卻以分離的形式呈現進行，這容易使學生只知道單獨領域的知識，對於概念聯結上卻是很缺乏的(Waheed & Lucas, 1992)。

　　Novak與Gowin (1984)將Ausuble的認知理論轉化並應用至科學教育中，尤其在生物學教學時更顯出其適切性和重要性。Novak強調有意義學習的重要性，他相信當學生建構出新的且更有力的意義時，就發生了有意義的學習。針對這個目標，在1980年代，Novak及其他學者發展出了概念圖這項工具來呈現科學概念間有意義的連結(Novak & Gowin, 1984)。他們認為概念

圖可促進有意義的學習，因為科學概念不是各自分離獨立的，而是連結在一起的展現交互關係。概念圖中，概念與概念間的交叉連結可以將相關概念形成網狀，可以強化認知結構的穩定和固著。概念圖與有意義的學習間最明顯的關係便是概念圖可以有階層性和交叉連結，因為概念圖的特性很接近生物學的階層與網狀關係，因此廣泛的應用在生物學教育上的教學、學習與評量。

伍、「能量流動及物質循環」的學習與教學

在國民中學生物課程中，「能量流動及物質循環」單元是屬於生態學教材的一部分，主要在說明能量由陽光、生命世界到無生命世界的流動，與及以水與碳等物質為例在生命與非生命世界的循環過程。這個單元的概念相當抽象，也是一個展現生命世界的階層性和複雜性的主題，這個單元是生態學中的最重要的概念之一(Munson, 1994)。然而「能量流動與物質循環」單元內容不是只限於生態學範疇，它至少可包括三階層的概念如圖1所示。第一個階層是外在現象知識，屬於生物族群層次，也就是在生態學上的觀念，包括食物鏈、生產者、消費者、分解者的概念；第二個階層是內在機制知識，屬於細胞層次，包括光合作用、呼吸作用的概念；第三個階層是基本物質科學知識，屬於分子層次，包括物質和能量的概念(楊鈞媛，2007)。臺灣學生在小學學習過食物鏈的初步概念，七年級上學期學習過細胞學、光合作用、呼吸作用的概念，七年級下學期在學習「能量流動與物質循環」單元(圖2)前也會學習到食物鏈中生產者、消費者、分解者的概念。這些概念分散在不同年段的課程中，而「能量流動與物質循環」應是一個整合性的教學單元，教師可以應用學生已經學習過的內在機制，包括光合作用和呼吸作用，來解釋食物鏈中發生的能量和物質傳遞，藉此練習將學過的知識進行縱向統整和應用。但是對於能量與物質，如分子或原子，這些觀念是屬於理化的教材範圍通常在國二或國三理化課才有介紹，在沒有這些理化知識，「能量流動及物質循環」這個單元本身成為一個相當抽象與獨立的教材。在生物學教育的研究上，針對光合作用、呼吸作用、生態學的教學研究雖然不少，但是多數只是針對單一主題或是將各主體分開研究。而對生物教學的目標而言，不只是要求學生能分開的理解每個層次的知識，更應希望學生能將外在現象知

識、內在機制知識與基本物質科學知識三個不同層次的概念統整在一起，才可以稱為完整理解。

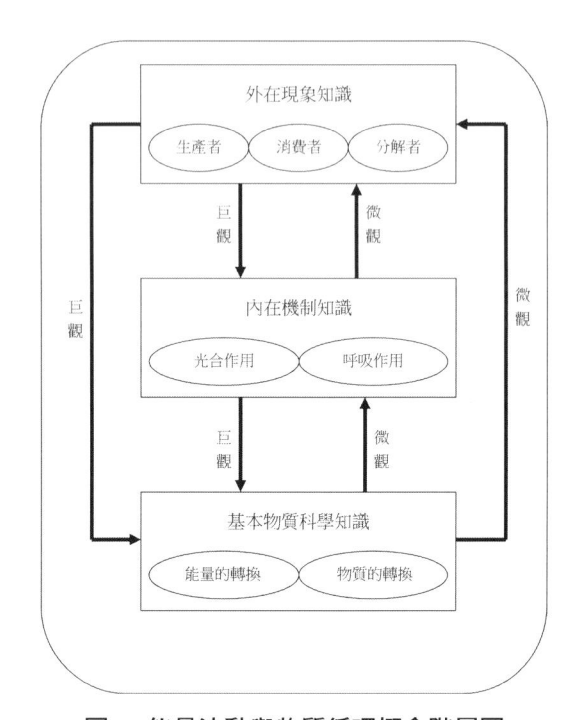

圖1：能量流動與物質循環概念階層圖
資料來源：楊鈞媛(2007)。

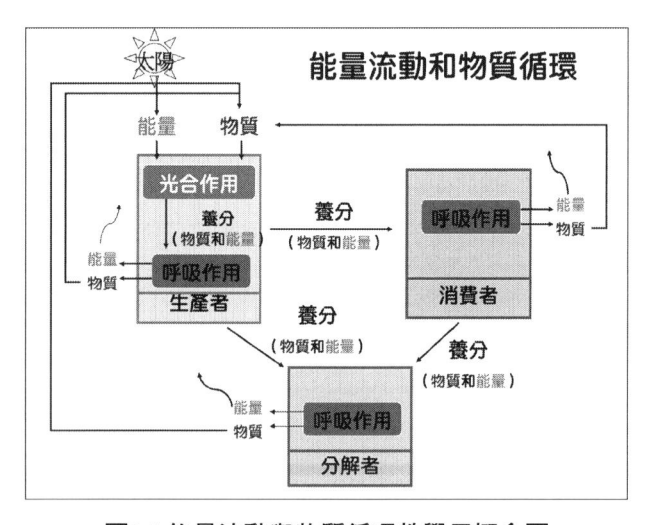

圖2：能量流動與物質循環教學用概念圖
資料來源：Lin與Hu (2003)。

第四章　統整教學與學生的統整概念

　　為瞭解學生對「能量流動與物質循環」單元的統整理解程度，作者與研究生(Lin & Hu, 2003)利用概念圖探討學生對「能量流動及物質循環」單元三個階層概念的理解，該研究從臺北地區五個國中蒐集106位七年級的學生的資料。在研究過程中，總計有十二個概念名詞卡片發給學生，然後請他們組合出「能量流動及物質循環」的概念圖，組合完成後再畫出。這十二個名詞為外在現象知識的生產者、消費者與分解者；內在機制知識的光合作用與呼吸作用；基本物質科學知識的物質、能量、氧、水、二氧化碳、葡萄糖與陽光。當然，除了這十二個概念卡片外，學生被鼓勵可自行增添任何他們認為需要的概念卡片。概念圖的評量可以藉由其概念連結與階層的數量來進行量化的評分，如Novak與Gowin (1984)建議，但是統整概念的學習成果應該還須要有質性的評估。為了建立一個有效的概念圖質性評分，該研究發展一個評分系統來評估學生概念圖的概念呈現與關聯，這個系統除了評估三個階層內的學習成果，也評估三個階層間的關聯，如表1。

表1：概念圖評分標準

	知識種類	概念	評分標準敘述
單一知識項目	A.外在現象知識	食物鏈	3.提到所有的關鍵字──生產者、消費者、分解者，且適當表現出它們之間的關係。 2.提到大略的關鍵字──生產者、消費者、分解者，且有表現出它們之間的關係。 1.提到大略的關鍵字──生產者、消費者、分解者，可是沒有表現它們之間的關係。 0.沒有或很少提到關鍵字──生產者、消費者、分解者，且沒有表現它們之間的關係。
	B.內在機制知識	光合作用	3.提到所有的關鍵字──光合作用、氧氣、二氧化碳、葡萄糖、水、陽光，且適當表現出它們之間的關係。 2.提到大略的關鍵字──光合作用、氧氣、二氧化碳、葡萄糖、水、陽光，且有表現出它們之間的關係。 1.提到大略的關鍵字──光合作用、氧氣、二氧化碳、葡萄糖、水、陽光，可是沒有表現它們之間的關係。 0.沒有或很少提到關鍵字──光合作用、氧氣、二氧化碳、葡萄糖、水、陽光，且沒有表現它們之間的關係。

表1：概念圖評分標準(續)

知識種類	概念	評分標準敘述
單一知識項目	呼吸作用	3. 提到所有的關鍵字──呼吸作用、氧氣、二氧化碳、葡萄糖、水、能量，且適當表現出它們之間的關係。 2. 提到大略的關鍵字──呼吸作用、氧氣、二氧化碳、葡萄糖、水、能量，且有表現出它們之間的關係。 1. 提到大略的關鍵字──呼吸作用、氧氣、二氧化碳、葡萄糖、水、能量，可是沒有表現它們之間的關係。 0. 沒有或很少提到關鍵字──呼吸作用、氧氣、二氧化碳、葡萄糖、水、能量，且沒有表現出它們之間的關係。
	C.基本物質科學知識 物質	3. 提到所有的關鍵字──物質、氧氣、二氧化碳、葡萄糖、水，且適當表現出它們之間的關係。 2. 提到大略的關鍵字──物質、氧氣、二氧化碳、葡萄糖、水，且有表現出它們之間的關係。 1. 提到大略的關鍵字──物質、氧氣、二氧化碳、葡萄糖、水，可是沒有表現出它們之間的關係。 0. 沒有或很少提到關鍵字──物質、氧氣、二氧化碳、葡萄糖、水，且沒有表現出它們之間的關係。
	能量	3. 提到所有的關鍵字──陽光、能量，且適當表現出它們之間的關係。 2. 提到大略的關鍵字──陽光、能量，且有表現出它們之間的關係。 1. 提到大略的關鍵字──陽光、能量，可是沒有表現出它們之間的關係。 0. 沒有或很少提到關鍵字──陽光、能量，且沒有表現出它們之間的關係。
相互關連知識 A × B		3. 適當的表現出生產者、消費者、分解者、光合作用、呼吸作用之間的網狀關係。 2. 有表現出可辨別的生產者、消費者、分解者、光合作用、呼吸作用之間的網狀關係。 1. 表現出很少生產者、消費者、分解者、光合作用、呼吸作用之間的網狀關係。 0. 沒有表現出生產者、消費者、分解者、物質、能量之間的網狀關係。

表1：概念圖評分標準(續)

知識種類	概念	評分標準敘述
相互關連知識	A × C	3. 適當的表現出生產者、消費者、分解者、物質、能量之間的網狀關係。 2. 有表現出可辨別的生產者、消費者、分解者、物質、能量之間的網狀關係。 1. 表現出很少生產者、消費者、分解者、物質、能量之間的網狀關係。 0. 沒有表現出生產者、消費者、分解者、物質、能量之間的網狀關係。
	B × C	3. 適當的表現出光合作用、呼吸作用、物質、能量之間的網狀關係。 2. 有表現出可辨別的光合作用、呼吸作用、物質、能量之間的網狀關係。 1. 表現出很少光合作用、呼吸作用、物質、能量之間的網狀關係。 0. 沒有表現出光合作用、呼吸作用、物質、能量之間的網狀關係。
	A × B × C	3. 適當的表現出所有概念之間的網狀關係。 2. 有表現出可辨別的所有概念之間的網狀關係。 1. 表現出很少所有概念之間的網狀關係。 0. 沒有表現出所有概念之間的網狀關係。

在這106位同學的概念圖中，有三種不同的類型分別可以看出他們對「能量流動及物質循環」學習的統整程度。首先是一條龍式的概念圖，如圖3，這個學生很用心的將這十二個概念一個接著一個連接起來。整個連結過程雖然沒有明顯錯誤，也就是這個學生對這些概念的個別關係應該有一定程度的理解，但是圖中的每個概念只跟前、後概念連結，未能以幾個相關概念來呈現一個較統整的概念區塊，例如以生產者、消費者與分解者來形成食物鏈概念區塊。這種直線式的知識概念呈現模式，與Fisher等(2000)所描述的生物學知識相差甚遠。第二，如圖4，是區塊式概念圖，這個概念圖大致將這十二個概念區分為三個概念區塊，分別為光合作用、呼吸作用與食物鏈三個直線式的概念圖。這三個概念區塊在國中生物學教學是分開在不同章節出現，這個同學應該在每個章節都能熟悉這些概念的關係，但是可惜未能更進

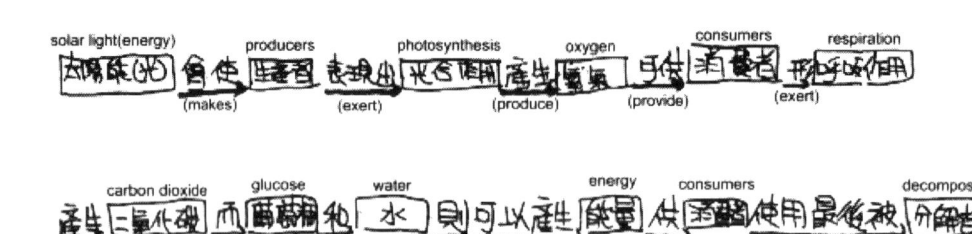

圖3：一條龍式的概念圖

一步跨過章節形成一個更複雜的整體概念圖。雖然這個區塊式概念圖的各個區塊也是直線式的概念圖，但是它能將十二個個別的概念分組來組合成幾個高階的概念，應該算是比較具有統整的理解。最後一個是統整式概念圖，如圖5，圖中明顯畫出外在現象知識、內在機制知識與基本物質科學知識三個概念區塊的階層性，同時也顯示每個階層內的概念關係。圖內的許多概念不只跟平行概念連結，而且也跟上下階層間的概念連結，因此形成一個具有階層式的網狀式概念圖。這個概念圖反映了學生能連結不同教學單元的重要概念，像在生態學教到的生產者概念能進行光合作用與呼吸作用，後兩者是在生理學學到的。相同的生理學的呼吸作用是食物鏈內三種生物都具有的功

圖4：區塊式概念圖

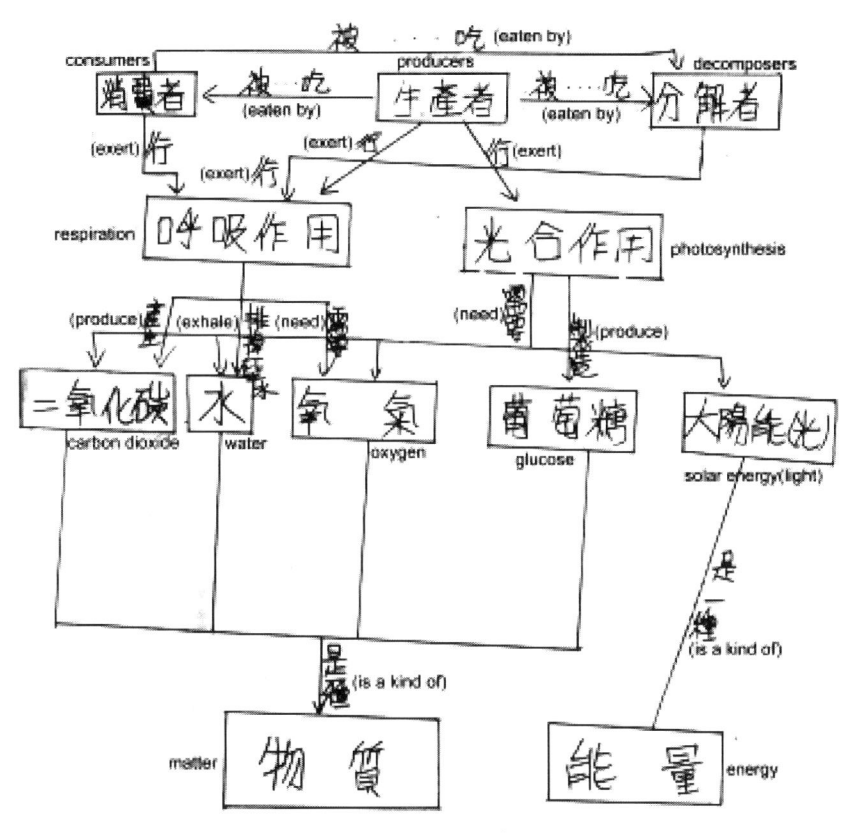

第四章 統整教學與學生的統整概念

圖5：統整式概念圖

　　能，食物鏈是生態學的教學內容。這個概念圖也統整了內在機制知識與基本物質科學知識，將光合作用、呼吸作用與其相關的能量與分子物質統整在一起。

　　這個研究另依照評分系統將學生對「能量流動及物質循環」概念圖進行評定分數，評定的內容分為食物鏈、光合作用、呼吸作用與各階層之間的統整關連，每個部分最高3分，評定分為薄弱、中等與完整三個程度。在食物鏈、光合作用與呼吸作用三個概念區塊中，顯示學生較能呈現出光合作用的概念圖，超過三分之二的學生對光合作用有中等程度以上的瞭解；但對呼吸作用卻是很難表現出來，只有約三分之一的學生達到中等的理解，卻沒有一個學生被歸類於完整的理解。學生對這些概念區塊的理解應還算差強人意，但是深入分析他們對於外在現象知識、內在機制知識與物質科學知識的統整關聯，資料顯示這樣的統整理解是相當不足的。僅有約四分之一的學生對外

在現象知識與內在機制知識的統整連結被歸類為中等理解以上，也就是學生很難將生態學知識連結到生理學知識。而只有些許多於十分之一的學生對內在機制知識與物質科學知識的統整連結被歸類為中等理解以上，也就是學生更難將生理學知識連結到物質科學知識。甚至大約只有二十分之一的學生對外在現象知識與基本物質科學知識的統整連結被歸類為中等理解以上。這些結果顯示，學生對於不同章節的相關知識概念的統整理解釋須要再加強的。

在這個研究當中沒有直接對物質科學知識進行評分，因此僅能由學生概念圖中的外在現象知識與內在生理知識對基本物質科學知識的關聯理解來間接推估。從表2的資料，可以瞭解學生的概念圖中由外在現象學與內在機制知識連結到與基本物質科學知識的聯結應該不多，這可以推估七年級學生對如物質與能量這種基本物質科學知識相當貧乏。這個情形應該是可以理解的，因為臺灣的國中自然科教學在七年級只教授生物學，到了八年級才教授理化，所以學生在七年級階段是對物質科學內容相當不熟悉。

為了讓「能量流動及物質循環」單元教學能夠縱向統整外在現像知識、內在機制知識與基本物質科學知識，促進學生對生物學知識的統整理解，楊鈞媛(2007)設計一個七節課的「能量流動及物質循環」教學活動，如表3。該研究採用準實驗研究法，以六個國中七年級的班級為研究對象，三個班級為實驗組(N = 94)而三個班級為對照組(N = 89)。這個統整課程與教學實驗組與對照組教學不一樣，在一般食物鏈、水循環與碳循環教學之前增添兩節課，一節是介紹基本物質與能量的概念，另一節是以這些基本物質與能量來複習呼吸與光合作用。該研究以自編的測驗評量學生學習成就，實驗組和對照組學生在後測成績雖然沒有顯著差異的，但在經過了兩個月的延宕後測

表2：學生概念與統整理解

概念層次	概念	薄弱	中等	完整	平均數	標準差
現象知識	食物鏈	68 (64.2)	22 (20.7)	16 (15.1)	0.93	0.92
機制知識	光合作用	34 (32.1)	44 (41.5)	28 (26.4)	1.62	0.77
	呼吸作用	74 (69.8)	32 (30.2)	0 (0)	0.79	0.54
統整關聯	現象 × 機制	81 (76.4)	23 (21.7)	2 (1.9)	0.68	0.66
	機制 × 物質	93 (87.7)	13 (12.3)	0 (0)	0.52	0.49
	現象 × 物質	100 (94.3)	6 (5.7)	0 (0)	0.32	0.49

表3：「能量流動及物質循環」統整外在現象、內在機制與物質科學的教學設計

教學單元	教學內容	學生使用教材	教學方式	時間
認識物質和能量	1. 分辨物質和能量。 2. 物質是由原子組成。 3. 物質的三態及轉換。 4. 能量是可以轉換的。	基本物質概念補充教材	講述法、發問法、電子投影片輔助教學	45分鐘
活動：超級拼一拼	利用光合作用中二氧化碳分子和水分子拆解再組合成葡萄糖分子，呼吸作用中葡萄糖分子拆解再組成氧氣分子和水分子，使學生產生不同的分子可能是由相同的原子組裝而成，而原子是組成物質的最小單位，宇宙中的原子是不生不滅的。	基本物質概念補充教材	分組進行活動	45分鐘
能量的流動	1. 食物鏈中的能量流動(將能量轉換的觀念整合進入課程)。 2. 能量金字塔。	康軒版七下自然與生活科技課本	講述法	45分鐘
物質的循環1	以粒子觀點配合概念圖介紹碳循環	康軒版七下自然與生活科技課本、學習單	講述法、發問法、電子投影片輔助教學	45分鐘
物質的循環2	以粒子觀點配合概念圖介紹氮循環	康軒版七下自然與生活科技課本、學習單	講述法、發問法、電子投影片輔助教學	45分鐘

中，實驗組高分群學生的得分顯著高於對照組高分群。自編的工具是客觀式測驗，在後測時實驗組與對照組的學習表現沒有不同，但是可能實驗組的縱向統整教學讓學生的學習能夠保留較久，所以在延宕測驗時就能優於對照組。在高分群學生晤談的表現方面，實驗組學生在前測時無法表達出食物中蘊含能量，後測時藉由食物鏈則可瞭解攝食的一方可獲得能量。在客觀式測驗中實驗組優於對照組的學生主要是在於高分組，可以說若是用客觀式測驗，統整教學的優點不太能顯現出來，引此如何將加深加廣內容的縱向統整教學讓所有學生能獲益，還須進一步的教學設計來驗證。

當以概念圖來分析著重在相互關連知識的教學結果實，實驗組在外在現

象知識與內在機制知識的統整關連顯著高於照組，但是在外在現象知識與基本物質知識關連統整部分，實驗組與對照組的學習成果沒有達到顯著差異。這些結果顯現出學生在外在現象知識，即食物鏈，及內在機制知識，即光合作用與呼吸作用，等屬於一般生物教學的的概念進行連統整時，會比與基本物質科學知識，即物質與能量，這類較抽象的概念連結時，表現出較好的能力。這結果可以說，對七年級學生來說一個縱向統整的「能量流動及物質循環」教學單元的確能促進學生統整的生物學的外在現象與內在機制知識的統整能力，但是要讓學生統整到最深入的基本物質科學知識尚須更多的教學與引導。

在九年一貫課剛剛推出時，國中自然科教育為呼應教育部宣導的統整課程與教學，曾將地球科學部分內容移到七年級與生物學結合，並將理化的粒子與溶液概念移到七年級授課，這些移動是為了將地球科學的知識做為巨觀生物學，如生態與演化，的學習基礎，而把物質科學知識做為微觀生命科學，如生理與生化，的學習基礎。可惜這種跨科橫向統整，其實也可說是縱向的統整，受到教學現場教師的抵制，最後很快的幾年後恢復七年級只有教授生物學內容，而理化與地球科學內容全部再回到八、九年級的完全分科教學模式。缺乏相關基本物質科學知識為基礎的生物學教學，以「能量流動及物質循環」單元為例，學生恐怕無法真正理解在光合作用與呼吸作用中物質如何的循環與能量如何的流動。物質科學知識有助於學生對生命科學知識的理解，在生物教育研究很早以前就被提出來，如Solomon, Duveen與Hall (1994)。在推動統整課程與教學時，橫向統整會遭受學科本位的反抗，理由是教材會變簡單，縱向統整也同樣遭受學科本位的反抗，但是理由是教師的教學習慣，不少生物教師認為溶液或粒子等觀念是化學不應該由生物教師教。但是這些反對者似乎忘記這些化學知識是最基本的科學知識，也是他們在大學學習生命科學課程經常使用的科學知識。

陸、結語

我們現在所面臨到社會科技問題基本上都是統整的，不僅是在自然科學內統整，甚至也需統整到社會科學。分學科或分章節教學是為了方便，然而學生學習成果的零碎化應不是教師所樂見的。本文提供生物學科的一個縱向

統整模式,可說是一個分科橫向統整教學的另一種嘗試,希望比較能受到生物科教師的接受。

延伸閱讀

1. 中華民國課程與教學學會(2000)。**課程統整手冊①②③**。臺北市:教育部。
2. 林明志(2005)。**臺北市國民中學自然與生活科技領域課程實施之調查研究**。未出版之碩士論文,國立臺灣師範大學工業科技教育學系,臺北市。
3. 許麗伶(2006)。**國民中學自然與生活科技學習領域實施九年一貫課程現況之檢討**。未出版之碩士論文,國立臺灣師範大學教育學系在職進修碩士班,臺北市。
4. 郭重吉、李暉(2003)。**九年一貫國中自然教學模組發展和試教之研究(3/3)**(NSC91-2511-S-143-007)。臺北市:行政院國家科學委員會。
5. 郭重吉、李暉(2010)。**國中自然科統整課程教學模組之實例**。彰化市:國立彰化師範大學。
6. 楊鈞媛(2007)。**自然科整合教學之研究——以「能量流動育物質循環」單元為例**。未出版碩士論文,國立臺灣師範大學生命科學研究所,臺北市。
7. 歐用生(2000)。**課程改革**。臺北市:師大書苑。
8. Beane, J. A. (1997). *Curriculum integration: Designing the core of democratic education*. New York, NY: Teachers College Press.
9. Drake, S. M. (1998). *Creating integrated curriculum: Proven ways to increase student learning*. Thousand Oaks, CA: Corwin Press.
10. Fisher, K. M., Wandersee, J. H., & Moody, D. E. (2000). *Mapping biology knowledge*. Dordrecht, The Netherlands: Kluwer Academic.
11. Lin, C. Y., & Hu, R. (2003). Students' understanding of energy flow and matter cycling in the context of the food chain, photosynthesis, and respiration. *International Journal of Science Education, 25*(12), 1529-1544.
12. Mayr, E. (1997). *This is biology: The science of the living world*. Cambridge, MA: The Belknap Press of Harvard University Press.
13. Munson, B. H. (1994). Ecological misconceptions. *Journal of Environmental Education, 25*(4), 30-34.
14. Novak, J. D., & Gowin, D. B. (1984). *Learning how to learn*. New York, NY: Cambridge University Press.
15. Roth. K. (1994). Second thoughts about interdisciplinary education. *American Educator, 18*(1), 44-48.

16. Sattler, R. (1986). *Biophilosophy: Analytic and holistic perspectives*. Berlin, Germany: Springer.
17. Solomon, J., Duveen, J., & Hall, S. (1994). What's happened to biology investigations? *Journal of Biological Education*, *28*(4), 261-266.
18. Waheed, T., & Lucas, A. M. (1992). Understanding interrelated topics: Photosynthesis at age 14 +. *Journal of Biological Education*, *26*(3), 193-199.
19. Wandersee, J. H., Fisher, K. M., & Moody, D. E. (2000). The nature of biology knowledge. In K. M. Fisher, J. H. Wandersee, & D. E. Moody (Eds.), *Mapping biology knowledge* (pp. 25-37). Dordrecht, The Netherlands: Kluwer Academic.

【第五章】

學生關於開花植物生長與發育概念的發展趨勢與特性

林曉雯 ────

國立屏東大學科普傳播學系教授兼理學院院長

Email: linshewen@mail.nptu.edu.tw

壹、前言

「開花植物生長與發育」的相關主題是中小學科學課程常見的重要內容，屬發展生物學的重要一支。例如「國民教育階段九年一貫課程總綱綱要的「自然與生活科技」領域中與植物的生長發育有關的部分分別屬於幾個次主題：「生命的共同性」、「生物對環境刺激的反應」、「植物的構造與功能」、「生殖、遺傳與演化」、「生物和環境」。高中則較深入的探討植物的生殖、生長、發育、光合作用、呼吸作用及植物激素等。由上述分析中我們可以清楚地瞭解到我國中小學學生在自然科學課程中學習哪些與「開花植物生長與發育」有關的概念及其重要性，同時亦顯示了「開花植物生長與發育」概念包含許多特別的次領域，及其間交互影響的複雜特性。

學生於小學一年級起即陸續於課堂中學習到相關知識，經過了長期的學習，學生有關植物生長與發育的概念是否如預期有所增長？在學習的歷程中，學生是否藉由自己生活經驗或推理等方式，自行建構出一套不同於科學家想法或概念以解釋植物生長發育的現象？這些想法或概念是否經過往後不斷學習，仍難改變？

分析國內外關於學生的植物生長與發育之研究文獻發現：以種子發芽、植物構造與功能、植物生活史、植物生長與營養等個別主題概念為主要範圍；研究者使用的研究方法以訪談、文字連結及測驗為主；學生多以方便取樣獲得少量人數進行探索。以全國的中、小學學生為樣本，進行全面性、系統性與發展性之研究尚未發現。本文以生物科學重要概念——「開花植物生長與發育」為主題，探討全國中小學學生植物生長與發育概念之特色與發展情形。期望此研究之成果，可以進一步確認學童可能的想法及學習障礙，以提供給科教學者、教科書編撰者與中、小教師參考，以增進學生對於生物科學知識之瞭解與應用。

貳、開花植物生長與發育概念命題、概念圖、試題、樣本與分析

研究團隊首先進行中小學科學及生物科課本的分析，整理出中小學學生植物生長與發育主要概念命題(見表1)，這些概念分屬：一、定義；二、植

表1：開花植物的生長與發育的概念命題

	命題陳述	國小	國中	高中
開花植物生長與發育的定義	1. 發育指的是植物從種子發芽，經過生長、成熟、開花與分化等生命週期中各階段的改變。	✓	✓	✓
	2. 發育是生長與分化的總稱。			✓
	3. 生長是大小與質量的改變。	✓	✓	✓
	4. 分化是細胞、組織與器官的變化。			✓
	5. 生長與分化可同時伴隨發生，亦可各自獨立進行。			✓
開花植物生長與發育各階段形態與構造的變化	1. 開花植物生長時經種子萌芽，並長出根、莖、葉、花、果實及種子等構造。	✓	✓	✓
	2. 大部分的開花植物可藉種子進行有性繁殖。	✓	✓	✓
	3. 有些開花植物可藉根、莖或葉進行無性繁殖。	✓	✓	✓
	4. 開花植物的種子包被於果實內，以獲得保護。		✓	✓
	5. 受精作用後胚珠將來會發育為種子，子房則發育為果實。		✓	✓
	6. 種子包括胚及胚乳，胚包括胚芽、胚軸、胚根及子葉。	✓	✓	✓
	7. 植株莖頂及根尖的細胞不斷分裂使根、莖增長。		✓	✓
	8. 多年生的雙子葉植物在莖或根中的形成層不斷分裂使根、莖增粗。		✓	✓
	9. 木質部細胞生長速度受氣候影響而不同，因此細胞的大小、顏色並不同，在樹幹或樹枝的橫切面上會呈現深淺不同的環紋，稱為年輪。		✓	✓
生長與發育的調節與控制	1. 植物的生長與發育受本身基因、激素、環境因素的影響三種因素互相作用且交互重疊。		⊙	✓
	2. 遺傳控制：植物的發育是一連串的基因表達，以便在適當的時機產生蛋白質，影響細胞的活動。		⊙	✓
	3. 外在環境對生長與發育的調節包括：光、溫度、引力、磁場、聲音、風、土壤的含水量、相對溼度、無機鹽、空氣。		✓	✓
	4. 植物靠養分、水分、日光和空氣來維持生命。	✓	✓	✓
	5. 植物吸收土壤中的含氮物質以合成生長所需之蛋白質。		✓	✓
	6. 影響種子萌發內在因素為基因與激素。		⊙	✓
	7. 種子遇適合的環境(包括溫度、氧氣、水)可萌芽長成一株新的植物。	✓	✓	✓
	8. 種子萌芽過程中吸水是首要的步驟。	✓	✓	✓
	9. 水份可軟化種皮並使細胞內化學反應進行。		✓	✓
	10. 溫度會影響種子內酵素的活動。		✓	✓

表1：開花植物的生長與發育的概念命題(續)

命題陳述	國小	國中	高中
11. 氧氣為種子細胞呼吸所必需。		✓	✓
12. 有些種子必須經過休眠期才萌發。		✓	✓
13. 胚乳及子葉中含有養分可提供種子剛萌發時利用。	✓	✓	✓
14. 幼苗需接受光照才能正常發育。	✓	✓	✓
15. 植物能接受環境中光線、水分以及地球引力的刺激而有所感應。		✓	✓
16. 植物受環境刺激時，由於植物體兩側生長差異，造成局部屈曲，是為向性。		✓	✓
17. 地心引力引起根的向地性，莖的背地性。		✓	✓
18. 光照引起莖的向光性。		✓	✓
19. 接觸引起莖的向觸性。		✓	✓
20. 植物莖有向光性、背地性、向觸性，根有向溼性、向地性、背光性，這些向性都和生長激素有關。		✓	✓
21. 有些植物的開花受光或溫度的影響。		✓	✓
22. 日照與黑夜的交替促成植物開花。		✓	✓
23. 許多二年生植物要經過寒冬的低溫刺激，隔年春才開花，是為春化作用。			✓
24. 生長素在莖頂，根尖及嫩葉含量較多。		✓	✓
25. 生長素可以促進細胞延長，組織生長及形成層的細胞分裂。		✓	✓
26. 根、莖、葉對生長素濃度反應不一，莖比根的生長需更多生長素。		✓	✓
光合作用與呼吸作用對開花植物生長與發育的影響			
1. 植物可藉光合作用製造生長所需的養分葡萄糖。	✓	✓	✓
2. 光合作用產生的葡萄糖可轉換為蔗糖、澱粉亦可輾轉合成蛋白質和脂質等物質，儲存於根、莖、葉、花、果實和種子中。		✓	✓
3. 植物細胞經呼吸作用將葡萄糖分解產生能量，以提供植物生長發育所需。		✓	✓

註：✓表有；⊙表部分有。

物生長各階段形態與構造的變化；三、生長與發育的調節與控制；四、光合作用與呼吸作用對開花植物生長與發育的影響四個主題。國小階段所涵蓋的

概念命題，數量較少；國中及高中階段所涵蓋的概念命題數量較多，並將主要的概念命題繪製成概念圖(見圖1、2)。

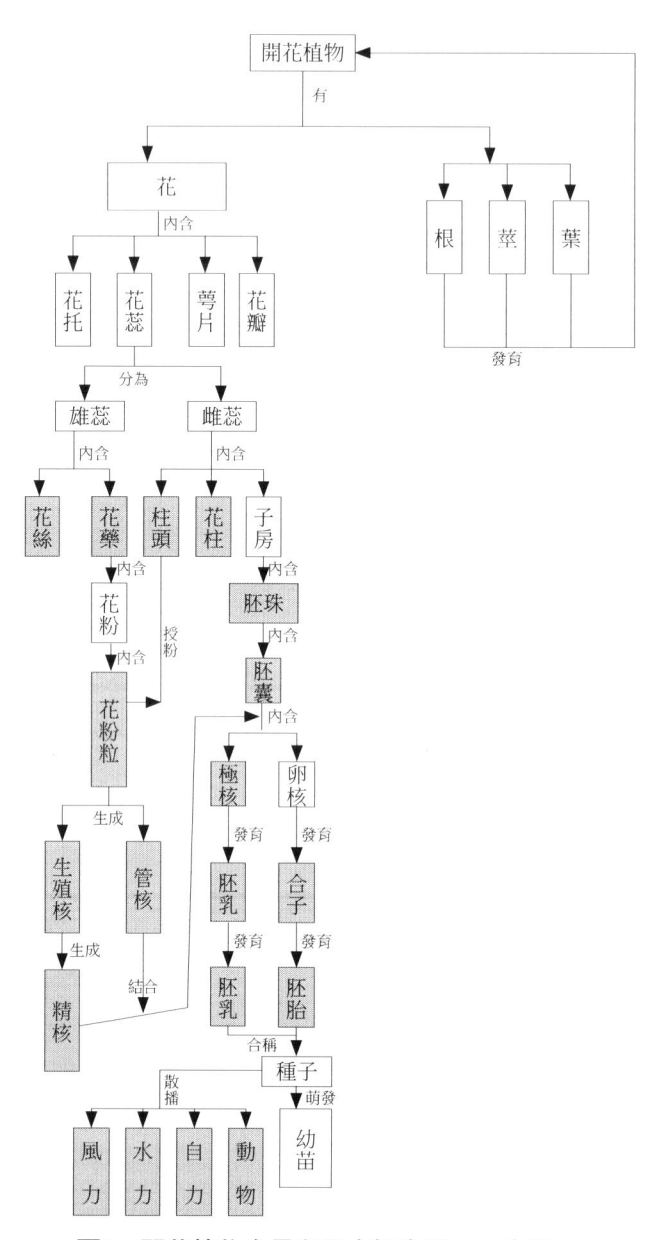

圖1：開花植物生長與發育概念圖——生活史

註：小學：白底
　　國高中：白底與淺灰底

第五章　學生關於開花植物生長與發育概念的發展趨勢與特性

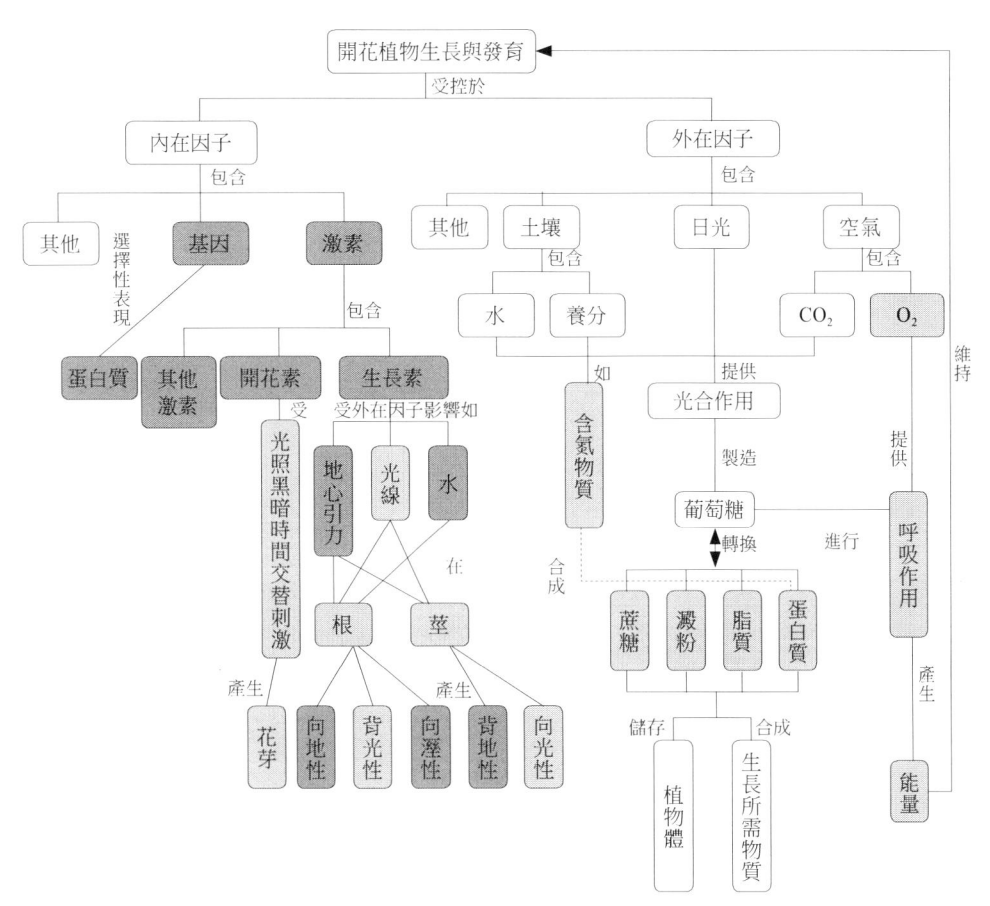

圖2：開花植物生長與發育概念圖：影響因素

註：小學：白底
　　國中：白底與淺灰底
　　高中：白底、淺灰底與深灰底

　　研究團隊依據概念命題進行晤談，探索學生之相關迷思概念，並將結果轉化為兩階層診斷式測驗，以期能瞭解學生選答的理由與結果，探測出學生較深層的想法。試題的第一階段是從學科內容中列出二至四個問題選項，是學科內容問題；第二階段則是接續第一階段的學科內容問題，列出數個可能的理由選項，其中只有一個選項符合科學家的想法，其他都是由學生的另有概念所組成的。以國小試題EBA8為例(見圖3)，其欲施測之概念為：果實由植物的花發育而來，試題第一階段提出果實是從植物的哪個部位發育而成的？第二階段請學生選擇第一階段答案的理由。試題編製初期以南部學生為樣本進行小規模測試，最後選出具備良好信、效度的試題。試題中關於「開

甲、果實是從植物的哪個部位發育而成的？
　　1. 枝條
　　2. 花
　　3. 種子

乙、你在上面甲的部分選擇的答案的理由，是下面的哪一個？
　　A. 果實的柄連在枝條上，所以果實是由枝條直接發育而成。
　　B. 花朵授粉後可發育為果實，所以果實是由花發育而成。
　　C. 花會提供果實養分，所以果實是由花發育而成。
　　D. 果實裡面有種子，所以果實是由種子發育而成。

圖3：二階段測驗例題EBA8

花植物生長與發育」的部分主要包括兩大主題：開花植物生活史的變化、生長與發育的調節與控制。因為國小、國中、高中學生學習內容、概念發展與科學用語之不同，故試題除年段個別試題外，多以概念相同題目不同之形式呈現。包括國小、國中、高中概念相同但題目不同者12題，國中、高中概念相同題目不同者2題，國小題4題，共18題(參考表2)。其研究採分區分層隨機抽樣的方法，分別對全國國小六年級學生2,389人、國中二、三年級4,537人，高中二年級學生1,955人進行施測。考量生物試題總題數及學生作答時間，將題目分配至甲乙兩題本。分析時以概念主題為分類主要依據，分別整理題目答對率與另有概念選答率，其中另有概念以學生選答率超過10%為篩選依據。

參、學生關於開花植物生長與發育另有概念與可能原因

　　關於學生作答情形，依據概念主題分類，分別說明學生的正確選項與另有概念的選答情形，學生詳細選答情形請參考表3。

一、開花植物生活史：開花植物果實的發育

　　關於在植物的生活史各階段型態與構造變化的主題，此次全國施測針對果實的發育來源出題，結果發現，國小學童答對率大約是50%，國中學生的答對率大約是38%，高中學生的答對率約70%。高中學生的表現優於國中學生，而國中學生表現並未優於國小學童的主要可能原因是學生對專有名詞的

表2：開花植物生長與發育試題概念分布

概念主題	概念	國小甲 (1212)	國小乙 (1177)	國中甲 (2291)	國中乙 (2246)	高中甲 (988)	高中乙 (967)
開花植物生活史	果實由花發育而來	EBA8			SBB5		HBB8
生長與發育的調節與控制	水分與種子發芽的關係	EBA5			SBB3		HBB6
	空(氧)氣與種子發芽的關係	EBA6	EBB3	SBA3	SBB4	HBA6	HBB16
	土壤提供植物生長所需物質			SBA4		HBA7	
	馬鈴薯中的澱粉來自葉子進行光合作用	EBA7					
	種子發芽時養分來源		EBB4				
	果實對種子的功能		EBB5				
	植物生長所需氣體		EBB6				

理解有困難。國高中題目的選項出現專有名詞如子房與胚珠，而國小試題並未出現此二專有名詞，國高中學生對此二專有名詞容易混淆，因此國中學生有36%，高中學生有19%認為果實源自胚珠而非子房。國小學童關於果實發育來源具有另有概念的比例大約是40%，其中13%的國小學童認為果實可能源自枝條或種子，還有11%選擇花提供果實養分，故果實源自於花。相似的是，國中學生也有11%認為枝條上的芽可直接發育為果實。

　　分析教科書可發現在國小階段的教材就有關於開花植物的生活史完整的陳述，但仍有相當比例的學生持有另有概念，可能原因是開花、結果的部分在開花植物生活史中出現時間相對較短暫，學生於日常生活中不易觀察到完整生活史的連續變化的情形。此外，國小學童在學習相關單元種植植物的過程中，可能因種植技術的困難或時間的限制，多限於萌芽及植株成長，很少

延續觀察至開花、結果的部分，因此學童對於植物生活史繁殖階段的變化的概念相對就比較模糊。容易從生活經驗推論果實的來源，例如常看到果實高掛枝頭，吃果實時都有觀察到種子存在於果實中的經驗，故推論果實源自枝條或種子。這些迷思概念的類別與作者先期以南部學生進行之小規模的研究發現相類似。然而就選答率而言，與對南部學童所做施測結果相比較，全國高中及小學學生正確選項選答率提升，由於正確選項選答率提升，則相對另有概念選答率略微下降；國中學生部分則相差不多。

二、開花植物生長與發育的調節與控制

此主題以開花植物生長與發育的調節與控制受到環境因素的影響為主要施測概念。其中小學學童選出「果實對種子的功能除保護外，具協助傳播功能」選項者占57%，基本上本題題幹與選項內容與課本內容相似，卻有近30%學生認為果肉可供給種子養分生長，可見小學學童易以人的角度詮釋果實的功能，認為果實中果肉可提供人營養，故果實中果肉對種子也有近似之功能。

至於影響種子萌芽的環境因素，這次施測的題目中影響之環境因素包括水分、空氣與養分。例如：

(一)關於水分可使種皮破開，種子進行化學反應進而萌芽這個部分的表現，高中學生的表現(通過率58%)優於國中學生(通過率32%)，而國中學生的表現又優於國小學童(通過率15%)。其中國小學童有79%，國中學生有19%認為水本身是種子萌芽重要養分來源。42%的國中學生及36%的高中學生則認為水是種子行光合作用製造養分或分解澱粉為葡萄糖提供種子萌芽所需。

(二)關於種子需空(氧)氣進行呼吸作用以促進萌芽的概念，也是隨年級增加學生表現提升，國小學童答對率為31%，國中學生答對率為35%，高中學生答對率為56%；但仍有許多學生認為種子是利用空氣行光合作用以促進萌芽(此選項在小學、國中的選答率分別是44%，50%，高中學生雖有明顯進步，但仍有11%具此另有概念)。此外，有18%的國中學生與22%的高中學生認為種子萌芽時不需氧氣。

(三)如果問學生植物生長所需要氣體為何？國小學童有54%答需要氧與二氧化

碳，19%學生則指稱只需要二氧化碳行光合作用。可見小學學童與國中學生對呼吸作用、光合作用的概念仍不清楚，且容易互相混淆，大部分的學生關於「空氣」這項重要物質對植物生長發育的影響都相當模糊。

(四) 學生大都認為：土壤或其中的肥料是種子萌芽或植物生長發育所需之養分，其中63%國小學童認為土壤中的養分可供種子萌芽之需，只有5%的國小學童認為種子萌芽時的養分來源是種子本身。國中學生對土壤中的礦物鹽與有機物的角色不清楚，只有19%學生認同土壤中的礦物鹽可進入植物合成化學物質，維持生活機能，有72%的國中學生以及30%的高中學生以為土壤中的礦物鹽或有機物可轉變為植物生長所需之能量。

(五) 對於馬鈴薯所儲存之澱粉的來源，國小學童中有66%的學童認為源自根吸收土壤中的養分，12%的學童認為源自根吸收土壤中的水分，只有13%選擇源自葉子的光合作用所產生。

上述另有概念特性和過去的研究發現頗為一致。至於選答比例與作者先期對南部學童所做施測結果相比較，全國中小學學生正確選項選答率平均提升6%；另有概念選答率則普遍稍有下降，只有「土壤可供種子萌芽所需之養分」在全國小學學童選答率提升約25%，另國中試題選項「土壤中的有機物進入植物可轉變為植物所需之能量」選項，以「有機物」取代原試題的「碳元素」其誘答率由9.5%提升至53%，可見學生關於土壤對種子萌芽或生長所辦演之角色相當不清楚。

表3：植物生長與發育全國施測各題正確選項與另有概念選項選答率一覽表

概念主題	題目內容	原因選項	學生選答率 國小	國中	高中
開花植物生活史各階段的變化	花受精後將來會發育果實，果實內有種子。	◎花授粉後可發育為果實。	51.18		
		*果實的柄連在枝條上，所以果實是由枝條直接發育而成。	12.90		
		*花會提供果實養分，所以果實是由花發育而成。	10.98		
		*果實裡面有種子，所以果實是由種子發育而成。	17.90		
		◎花授粉後，「子房」可發育成果實。		38.16	70.63
		*花授粉後，「胚珠」可發育成果實。		36.01	18.56
		*枝條上的芽直接發育成果實。		10.80	

表3：植物生長與發育全國施測各題正確選項與另有概念選項選答率一覽表(續)

概念主題	題目內容	原因選項	學生選答率 國小	國中	高中
開花植物生長與發育的調節與控制	果實對種子的功能	◎保護及協助散播。	57.33		
		＊保護且果實中的果肉含有養分可以提供種子生長。	28.60		
	水分與種子發芽的關係	◎水分可以使綠豆種子的皮破開，並讓小芽長大。	15.44		
		＊水分可以提供綠豆種子發芽時需要的養分。	79.29		
		◎種子吸水後膨大，使種皮破裂，促使細胞進行化學反應繼而萌芽。		32.37	
		＊種子需要水分進行光合作用，以獲得萌芽所需之養分。		42.35	
		＊水裡含有種子萌芽時所需的養分，如果沒有水，種子就無法萌芽。		19.44	
		◎水分可以軟化並使細胞內進行化學反應繼而萌芽。			57.74
		＊種子必須要有水分的參與行光合作用，以製造種子萌芽所需養分。			24.89
		＊種子吸水後其中的澱粉會變成葡萄糖，供種子萌芽時利用。			10.74
	空(氧)氣與種子發芽的關係	◎種子利用空氣行呼吸作用，促進發芽。	30.68		
		＊種子利用空氣行光合作用，促進發芽。	43.55		
		＊種子直接利用空氣中的養分，才能發芽。	11.08		
		◎種子需要氧氣行呼吸作用，加速種子萌芽。		35.47	
		＊種子需要氧氣來行光合作用，製造萌芽所需之養分。		32.48	
		＊種子只需要二氧化碳來行光合作用，製造萌芽所需之養分，不需要氧氣。		17.65	
		◎種子利用氧氣行呼吸作用，產生萌芽時所需的能量。			55.89
		＊種子利用氧氣行光合作用，產生萌芽時所需的能量。			11.43
		＊種子萌芽不需要氧氣，靠豆子裡的養分就能萌芽。			21.63

表3:植物生長與發育全國施測各題正確選項與另有概念選項選答率一覽表(續)

概念主題	題目內容	原因選項	學生選答率 國小	國中	高中
開花植物生長與發育的調節與控制	種子發芽時養分來源	◎種子含有養分,可提供發芽時養分來源。	4.71		
		＊種子萌芽一定要有水,因此水中有養分可以供給種子發芽之用。	14.09		
		＊有肥沃的土壤,植物才長得好,可見土壤中有養分可以供給種子發芽之用。	63.26		
	植物生長所需氣體	◎植物生長需氧氣與二氧化碳。	53.95		
		＊植物只需要二氧化碳行光合作用。	19.05		
	土壤提供植物生長所需礦物元素	◎土壤中的礦物元素進入植物體供植物合成需要的化合物,並維持生活機能。		19.09	
		＊土壤中的礦物元素進入植物體可轉變為植物生長所需之能量。		19.02	
		＊土壤中的有機物質進入植物體可轉變為植物生長所需之能量。		52.58	
		◎種子萌芽時的養分是來自種子的子葉或胚乳。			61.30
		＊土壤中的有機物質可作為種子萌芽時的養分。			29.56
	光合作用製作養分可儲存於植物體	◎馬鈴薯的澱粉來自葉子會利用光將水及空氣轉變為澱粉。	13.19		
		＊馬鈴薯的澱粉是根吸收土壤中的養分,進入植物體後轉為澱粉。	65.55		
		＊馬鈴薯的澱粉是根吸收水,水進入植物體後會轉為澱粉。	11.72		

註:◎表正確選項,＊表另有概念。

肆、教學建議

　　教師是學生學習科學概念的重要影響者,建議教師能關注下面幾個面向之知識以協助學生學習開花植物生長與發育的相關概念:

一、瞭解學生具備有關開花植物生長與發育的相關概念

　　隨年級增加科學課程中有關開花植物的生長發育的相關內容有較深較廣的介紹,然而學生的相關概念發展情形如何呢?依據上述結果發現,有關開

花植物生長與發育的二大主題中,其中果實的來源、種子萌芽的影響因素等相關概念確實會隨學生學習而成長。但有些另有概念普遍且以相當高的比例存在於不同年段學生的想法中,例如,土壤或水分能提供植物生長發育及剛萌芽時所需之養分、種子萌芽不需氧氣、種子需進行光合作用製造萌芽所需養分、種子不會進行呼吸作用等。學生似乎隨著年段增加,對某些現象較能掌握,但對於現象背後的解釋卻相當模糊,例如,開花植物的有性生殖與果實的生成、植物生長或種子萌芽時養分的定義與來源、能量的定義、光合作用與呼吸作用對植物生長與發育所扮演的角色、土壤與水份對植物生長與種子萌芽的影響等。而上述另有概念的發現顯示學生對主題一:開花植物生活史的變化部分,尤其是關於植物構造的發展觀(果實的形成)的建立仍有待加強;至於主題二:生長與發育的調節與控制的相關概念,由於多涉及科學專有名詞的理解,包括光合作用、養分、呼吸作用、能量的關係,且主題二的重要概念常跨越不同領域(形態、生理、生態)與不同層次(分子、細胞、組織、器官、系統、個體)可能是學生學習困難的重要原因。

二、瞭解學習者學習開花植物的生長發育的相關概念是一種心智活動,是多重知識來源與已存概念交互作用的結果

　　建構主義結合了當代科學哲學與學習心理學的研究結果,主張知識是學習者主動建構、適應及組織新經驗,進而發展新知識。學習者接受各種不同生物學概念的來源,生物學概念的多重知識來源可能包括:

(一)生活世界:學生日常生活的經驗與觀察。

(二)社會及文化:社會文化的隱喻、共同信念、禁忌;語言,如類比、慣用名詞;以及同儕文化、家庭環境等。

(三)非正式學習:在此指通過媒體如電視、報紙、雜誌、網路等來源。

(四)正式的學習:如學校的教學、教科書等相關教材。

　　這些可能的來源通過學習者獲得、組織與反思、使用知識等學習活動,與學習者既有知識進行交互作用,學習者對概念進行同化或調適的歷程以進行學習的理解;而學習者對概念的理解亦會影響資訊取得的來源與心智活動。因此學生關於開花植物生長與發育的另為概念之來源可能源自不同的知識來源、學習活動與已存在的知識三者間交互作用的結果。

三、依據學生關於開花植物的生長發育另有概念的種類、特性及成因設計促進科學理解的教學評量活動

　　學生在尚未接受正式的學校教育之前，已對自然界的現象主動去建構意義，然後發展出他們自己對自然界現象的想法，這些想法可能有別於學校所教導的正規知識或科學家們所持有的正統科學知識，即是學生的另有概念。這些另有概念具有下列特性：(一)學習者帶著多樣的有關自然界中事與物的另有概念進入正式的科學課程；(二)學習者具有的另有概念跨越年紀、能力、性別和文化藩籬；(三)另有概念不易改變，傳統的教學策略對學生另有概念的改變成效有限；(四)學生的另有概念和當代科學家對自然現象的解釋非常相似；(五)另有概念起源自個人的多樣經驗，包括對自然的直接觀察和知覺、同儕文化、日常語言的使用、大眾媒體的影響、以及教師的解釋和教材；(六)教師和學生可能同樣持有另有概念；(七)學習者先前的知識和正式教學中呈現的知識進行交互作用，可能產生非預期的學習結果；(八)使用概念衝突、類比、和後設認知策略能有效的促進概念改變的。

　　是故，國內常見以考試為依歸以教科書為導向的傳統的教學方法對學生科學概念的改變成效有限，教師可依據學習理論設計探究取向之教學與多元評量，引導學生克服學習困難。其原則是：

(一)學生是主動建構的學習者，而教師是學生獲得正確知識的協助者。

(二)強調互動式討論教學、小組討論。

(三)以學生的另有概念為教學起點。

(四)著重學生內在經驗概念與正確概念間的差異與衝突。

(五)鼓勵學生討論、驗證並改變其概念。

(六)著重驗證學生自己的先前經驗，當學生認知與自然現象不一致，產生衝突時，教師才進一步提供資訊與協助。

(七)以學生的另有概念為基準點，進行多元化的評量。

　　建議教師可針對學生對教室中常見之開花植物的生長發育概念或專有名詞，例如，養分、能量、光合作用、呼吸作用、萌芽、果實發育等的使用及理解情形，設計探究活動，提供充足的時間與機會進以探索與討論，以釐清

學生對各種概念之理解情形;並進行解釋、詮釋、應用、批判、同理心、與後設認知層面之評量,以確定學生概念學習成效。

誌謝

本研究承國科會科教處給予經費補助(NSC89-2511-S-153-018, NSC90-2511-S-153-020),研究助理群在發展試題及資料整理時齊力投入,使本研究得以順利完成,僅在此致上最高的謝意。

延伸閱讀

1. 林曉雯(2003)。學生對「開花植物生長與發育」概念之瞭解。**師大學報:科學教育類**,**48**(1),47-62。
2. 林曉雯、陳佩君、蔡秋霞、劉姿伶(2009)。**促進學生科學理解的教學與評量**。屏東市:自版。
3. 黃達三(1993)。**國小學生的生命、動物、植物概念發展及另有構念的研究**(NSC-82-0111-S-143-003- 530042)。臺北市:行政院國家科學委員會。
4. 裘維鈺(1995)。**國小學童植物概念及其相關迷思概念之探究**。未出版之碩士論文,國立臺中師院初等教育研究所,臺中市。
5. 熊召弟(1995)。**學童的生物觀**。臺北市:心理。
6. 潘文福(1997)。國小學生種子萌芽迷思概念之探究。**屏師科學教育**,**6**,18-27。
7. 鍾旻容(2006)。**學生對自然科教學理解之研究以國小四年級學童「開花植物生長發育與繁殖」概念為例**。未出版之碩士論文,國立屏東師範學院數理教育研究所,屏東市。
8. 蘇雅芳(2003)。**國小五年級學童「開花植物生長發育與繁殖」概念改變教學策略之研究**。未出版之碩士論文,國立屏東師範學院數理教育研究所,屏東市。
9. Bell, B. (1985). Students' ideas about plant nutrition: What are they? *Journal of Biological Education, 19*(3), 213-218.
10. Biddulph, F. (1984). *Pupils' ideas about flowering plants. Learning in Science Project (Primary)* (Working Paper No. 125). Hamilton, NZ: University of Waikato. (ERIC Document Reproduction Service No. ED 252 406)

11. Fisher, K. M., Wandersee, J. H., & Moody, D. (2000). *Mapping biology knowledge*. London, UK: Kluwer Academic.
12. Hickling, A. K., & Gelman, S. A. (1995). How does your garden grow ? Early conceptualization of seeds and their place in the plant growth cycle. *Child Development*, *66*(3), 856-876.
13. Lin, S. W. (2004). Development and application of a two-tier diagnostic test for high school students' understanding of flowering plant growth and development. *International Journal of Science and Mathematics Education*, *2*(2), 175-199.
14. Schaefer, G. (1979). Concept formation in biology: The concept "Growth". *European Journal of Science Education*, *1*(1), 87-101.
15. Wandersee, J. H., Mintzes, J. J., & Novak, J. D. (1994). Research on alternative conceptions in science. In D. L. Gabel (Ed.), *Handbook of research on science teaching and learning* (pp. 177-234). New York, NY: Macmillan.

【第六章】生物運輸概念

王靜如

國立屏東大學科普傳播學系教授
Email: jrwang@gmail.com

壹、前言

> 「葉子行光合作用製造的養分,有一部分會送到大氣中。」
>
> 　　　　　　　　　　　　　　　　　　　　　　　　　　一位國中生

> 「光合作用製造的養分會變成氧氣送出去。」
>
> 　　　　　　　　　　　　　　　　　　　　　　　　　　一位國中生

> 「光合作用製造的養分就是氧氣。」
>
> 　　　　　　　　　　　　　　　　　　　　　　　　　　一位國中生

> 「植物的根有根毛,土壤中的水經由毛細作用,順著根毛,從土壤中流入植物體內、因為有根毛,所以它才會吸上去。」
>
> 　　　　　　　　　　　　　　　　　　　　　　　　　一位國小高年級學生

　　以上學童的想法摘錄自研究晤談。當學生學習挫敗時,家長或一般人常會指責老師教學方法失當。其實,學生對於植物體內運輸的物質與運輸機制有一套自己的想法,這些想法與生物學領域的知識不相容,而且不易更改。植物運輸的知識概念很複雜,包含根、莖、葉器官的認識,以及由各器官內的細胞間物質粒子的擴散作用、滲透作用、毛細作用和運輸作用。甚至這些物質粒子運送的過程還會受到環境因素的影響,例如植物種植地區的空氣濃度與溫度都會影響物質運輸的效率。要理解物質在植物體內的運輸機制必須整合相關的物理學與化學的知識。學生對於植物運輸作用的質樸概念可能是對於整體物質運輸的機制缺乏完整且正確的理解,如果老師們能掌握學生對於植物運輸的質樸概念,將有助於設計有效的概念建構教學。

　　學童的概念發展有如下四個特徵:自我中心論、目的論與擬人論、套套邏輯、生物領域概念特徵,茲分述如下:

一、學童對大自然的初始解釋傾向用自我生理需求的方式解釋,例如「植物

要喝水」、「植物要吃肥料」。漸漸的，隨著年齡增長，才會運用物理的原理來解釋自然界林林總總的現象。

二、學童會用「目的論」和「擬人論」(anthropology)來解釋事件的原因。認為自然界所有的事物都有他們各自存在的目的，例如「根部主動吸水是因為植物生存需要水」。擬人論是把所有的動物、植物、無生物人格化。

三、套套邏輯是形式上邏輯，重複述說某個專有名詞，沒有進一步說明或解釋，如「呼吸作用是呼氣與吸氣的作用」。

四、生物領域的迷思概念與其他學科的迷思概念最大的區別是生物的專有名詞特別多，學生不易區別這些專有名詞的屬性與關係。如氧氣、養分、光合作用、呼吸作用……等，具有關連性的專有名詞易造成概念的混淆。

概念的學習是一種高階心智活動，當學童看見或聽見外來的訊息，如影像、符號、文字時，會自動將新的訊息(如圖像、專有名詞)統整於原有的知識架構中，並賦予意義。換句話說，學童會將新的訊息與腦海中的語言、知識做連結、類化、歸類及賦予特性。另一個假說是學習生物概念就像學習一種新的語言，因為語言、思想與概念交互影響，彼此緊密相扣，三者之間的關連會藉由經驗與文字串連起來。因此學童看到影像、符號、文字時，會用已知的概念名詞或經驗來解釋。例如學童認為「氧氣就是養分」，因為兩者發音都有「一ㄤˇ」，同時氧氣是我們維持生存必要的物質。Osborne (2001)認為學習語言的難易度會因為語言性質不同而有所差異。看得見的物體名詞最簡單，例如：貓、狗、樹、草。其次是過程名詞，如果過程名詞是學童可以感受到的就比較簡單，如：睡覺、吃飯。學童看不見的過程名詞就比較難了，如：演化。最難理解的是看不見也無法感知的概念名詞，如：毛細作用、光合作用。學習科學概念影響因素包括童年時期的母語、文化與個人的信仰與生活經驗、教師的講解。這些都是研究學生生物概念需要破解的面紗。

本研究探索生物運輸概念包括植物運輸系統與人體循環系統。整體而言，生物運輸主要概念有五：植物運輸的功能(含目的與重要性)、植物運輸的路徑、植物運輸的動力、人體血液循環的路徑、人體血液循環的機制。

首先，生物運輸的功能(含目的與重要性)指生物運輸系統傳送生物所有細胞存活與生長所需的物質，如氧氣、養分(如醣類)、水分和礦物質。其次，植物運輸的路徑有二：一、體內水分(含溶在水中的礦物質)的運輸的路徑是藉木質部的細管，從根到莖，到葉，再送到大氣中。二、植物光合作用產生養分的運輸路徑是藉由韌皮部，從葉到莖，再到根，或莖部發芽的部位。

植物運輸的動力來源有三：一、水分藉由滲透作用進入根部。二、水分在植物體內的運送是由於葉子蒸散作用和水分子的毛細作用，造成木質部細管內水分子持續不斷的往上拉升。三、光合作用產生的養分，在植物韌皮部細管內運送原理，是由於溶質濃度梯度與壓力梯度造成養分的流動。

人體血液循環的路徑有三：一、人體血液循環路徑有體循環、肺循環。二、體循環是血液經由血管，從心臟流到身體各部位，再回到心臟。三、肺循環是血液經由血管，從心臟流到肺臟，再回到心臟。

心搏是血液流動的原動力。最後，心臟瓣膜防止人體血液的倒流，控制血流的方向。圖1為植物運輸系統概念圖，圖2為人體血液循環系統概念圖。

貳、研究發現

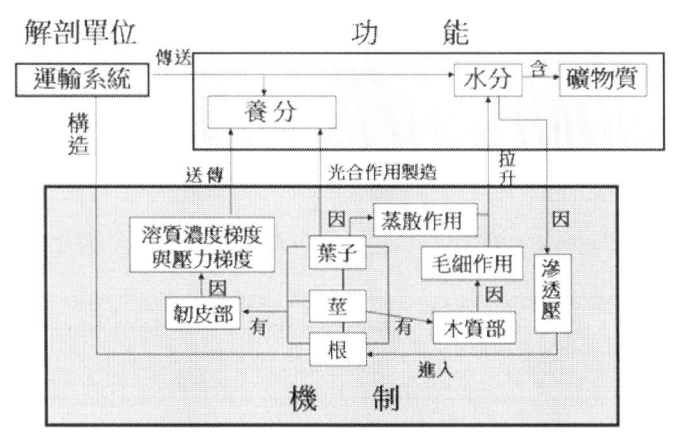

研究學童生物運輸概念主要發現有三：年級差異性、迷思概念的特性、語言對概念理解的影響。

圖1：植物運輸系統概念圖

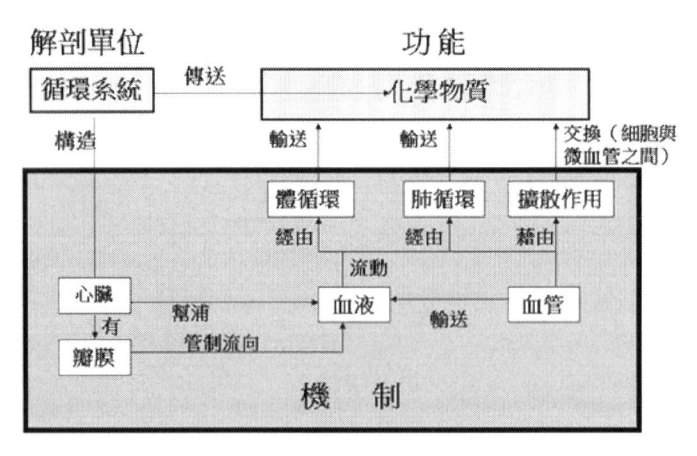

圖2：人體血液循環系統概念圖

一、年級差異性

學生對於生物體內運輸的概念會隨著心智成長而逐漸改變。以兩個二階段試題(第一階回答；第二階理由)說明學生心智改變的模式。這兩個題目的題幹是依據課本內容編寫，選項則摘自學生的晤談及開放式問題反應。圖3的試題調查學生對「植物行光合作用製造的養分一部分提供植物的生長，其他儲存在植物體內」的概念。理由的選項因年級差異而不同，例如「(f)光合作用製造的養分，全部提供植物細胞的呼吸作用」，這是少數國中學生持有的想法。其他的迷思概念(如「(c) 光合作用製造的養分有一部分會排到空氣中」、「(d) 光合作用製造的養分全部儲存在植物體內」、和「(e)光合作用製造的養分全部都提供給葉子」)都在高中試題中刪除了，因為高中生已經不具此想法。令人驚訝的是高中生(非數理組)學生的答對率並未顯著增加。在第二階段選項中，國高中學生持有迷思概念「(a)光合作用製造的養分有一部分會變成氧氣排到大氣中」的比例高達二分之一。表示學生對植物體內養分運輸概念缺乏理解。

圖4的試題調查學生對於「心搏是血液流動的原動力」的概念。題目的錯誤選項來自學生晤談獲得的想法。該題在不同年級間有不同的選項。

例如第一階層的錯誤選項，在小學階段是「(A)呼吸運動」，在國中、高中階段則為「(C)呼吸作用」。第二階段，在小學階段是「(d)當我們呼吸時，肋骨的運動可以推動血液流經血管(動脈)」，在國中、高中階段是「(e)細胞的呼吸作用可以釋放能量(ATP)推動血液流經血管(動脈)」。本題測驗

第六章　生物運輸概念

主概念：植物運輸的路徑。

命題敘述：植物體內養分的運輸路徑是藉由韌皮部，從葉到莖，再到根，或莖部發芽的部位。

試題：植物行光合作用製造的養分會運到哪裡去了？
(A)部分的養分會送到空氣中。
(B)所有的養分都會留在植物體內。

理由：
(a)光合作用製造的養分有一部分會變成氧氣排到大氣中。
(b)光合作用製造的養分有一部分會提供植物的生長，剩下的儲存在植物體內。
(c)光合作用製造的養分有一部分會排到空氣中。
(d)光合作用製造的養分全部都儲存在植物體內。
(e)光合作用製造的養分全部都提供給葉子。
(f)光合作用製造的養分全部提供植物呼吸作用。

百分比

	小學 4年級 (n＝132)		小學 6年級 (n＝147)		國中 7年級 (n＝151)		國中 8年級 (n＝153)		10年級 (n＝153)		高中 11年級 非數理組 (n＝162)		高中 11年級 數理組 (n＝165)	
選擇	A	B	A	B	A	B	A	B	A	B	A	B	A	B
a	27.7	5.3	62.0	4.1	44.8	0.7	35.9	0.7	56.9	1.3	45.4	0.6	36.1	0.6
b	7.1	17.5*	8.1	5.4*	19.0	10.6*	39.9	5.2*	22.9	15.7*	32.4	19.1*	18.1	44.0*
c	10.6	5.3	12.2	2.7	11.0	0.7	13.1	3.3	n.a.	n.a.	n.a.	n.a.	n.a.	n.a.
d	12.1	8.3	2.1	2.7	3.3	4.6	3.9	0.7	n.a.	n.a.	n.a.	n.a.	n.a.	n.a.
e	0.8	5.3	0.7	—	n.a.	n.a	n.a.	n.a.	1.6	1.6	2.5	—	1.2	—
f	n.a.	n.a.	n.a.	n.a.	3.3	2.0	12.4	0.7	n.a.	n.a.	n.a.	n.a.	n.a.	n.a
Total	58.3	41.7	85.1	14.9	81.4	18.6	86.8	13.2	81.4	18.6	80.3	19.7	55.4	44.6

圖3：學生對植物體內運輸養分的理解

註：n代施測人數，*代表正確答案，n.a.代表無此選項，—表示沒有人選。

主概念：人體血液流動的動力
命題敘述：心臟是血液流動的原動力。
試題：引起血液流動的動力是什麼？ (A)與呼吸有關。 (B)與心跳有關。 (C)與細胞的呼吸作用有關。 理由： (a)我們吸入的空氣可以推動血液流入血管(動脈)。 (b)心跳可以推動血液流入血管(動脈)。 (c)吸入的氧可以推動血液流入血管(動脈)。 (d)當我們呼吸時，肺腎的運動可以推動血液流入血管(動脈)。 (e)細胞的呼吸作用可以釋放能量(ATP)推動血液流入血管(動脈)。

百分比

年級	小學 4年級 (n=132)			小學 6年級 (n=147)			國中 7年級 (n=151)			國中 8年級 (n=153)			10年級 (n=153)			高中 11年級 非數理組 (n=162)			高中 11年級 數理組 (n=165)		
選擇	A	B	C	A	B	C	A	B	C	A	B	C	A	B	C	A	B	C	A	B	C
a	9.9	5.4	n.a.	11.3	6.8	n.a.	n.a.	6.6	13.4	n.a.	5.9	15.0	n.a.	4.7	5.3	n.a.	6.7	10.4	n.a.	1.2	5.1
b	1.5	51.5*	n.a.	2.7	61.5*	n.a.	n.a.	57.9*	4.0	n.a.	57.5*	7.8	n.a.	66.5*	4.3	n.a.	69.5*	3.7	n.a.	88.3*	1.2
c	1.5	4.5	n.a.	3.8	2.7	n.a.	n.a.	6.8	4.0	n.a.	3.3	2.6	n.a.	1.3	6.0	n.a.	1.9	1.2	n.a.	0.6	1.2
d	20.8	4.9	n.a.	2.0	9.2	n.a.	n.a.	4.7	2.6	n.a.	3.3	n.a.	n.a.	4.6	7.3	n.a.	n.a.	5.4	n.a.	1.8	0.6
e	n.a.	n.a.	n.a.	n.a.	n.a.	n.a.	n.a.	n.a.	n.a.	n.a.	n.a.	4.6	n.a.	n.a.	22.9	n.a.	1.2	20.7	n.a.	n.a.	8.1
總和	33.7	66.3		19.8	80.2			76.0	24.0		70.0	30.0		77.1	22.9		79.3	20.7		91.9	8.1

圖4：是學生對人體血液循環的理解

註：n代表施測人數，*代表正確答案，n.a.代表無此選項。

結果發現學生隨年級增長,答對人數亦隨之增加。但是,仍然有許多學生誤判「呼吸作用」等於「呼吸運動」。原因可能是「呼吸」字面上有一呼一吸,亦即空氣流入與流出,因此學生會認為呼吸作用(respiration)即為呼吸運動(breath movement)。另一個有趣的發現是大約有四分之一四年級學生認為呼吸運動時,肋骨會推動血液流入血管「選項(e)細胞的呼吸作用可以釋放能量(ATP)推動血液流入血管(動脈)」,五分之一的國中生認為吸入的空氣會推動血液流動「選項(a)我們吸入的空氣可以推動血液流入血管(動脈)」,高二學生則則用能量模式解釋血液的流動「選項(e)細胞的呼吸作用可以釋放能量(ATP)推動血液流入血管(動脈)」。這兩個現象顯示當學生在校學習生物課程之後,會用不同的參照系統來回答相關的問題。

二、迷思概念的特性

表1和表2呈現學生對植物運輸作用與人體血液循環的迷思概念。我們發現雖然中小學自然科學課程有教學生這些概念,但是學生的迷思概念仍然持續保留到高中,且非數理組學生持有的迷思概念比例比數理組學生多。例如「PA-5(a)光合作用製造的營養(食物)有一部分會轉變為氧,排放到空氣中」和「PB-4(a)葉子除了根會吸收水分,氣孔也可以吸收水分」。學生的生物運輸迷思概念可以歸納為三大特性:(一) 擬人化,(二) 錯誤連結,(三)語言。

(一) 擬人化

學童往往會以自己生理需求,來解釋其他生物也有類似人類可以覺知到自己的生理需求。例如表1的「PB-4(a)葉子除了根會吸收水分,氣孔也可以吸收水分」。學生認為植物除了根會吸收水分,葉子的氣孔可以吸收水分。生物學裡的「氣孔」是指葉片下表皮上由兩個保衛細胞(guard cell)控制開合的小孔,水分由這些小孔蒸散到大氣中。大約有三分之一的中小學生和高二非數理組學生有此迷思概念。「吸收」兩個字有主動吸允和取得的意思。在人體循環系統的概念中,也有學生以擬人化來解釋血液流動的機制與內臟(肺和心臟)的功能,例如「HA-6(a)肺部微血管有過濾的功能,把氧氣留在體內,把二氧化碳排出體外」、「HC-2(a)心臟在可以製造血液」、「HC-2(d)心臟可以過濾並且清潔血液」、「HC-4(a)心跳可以提高血氧濃度」和

表1：學生對於植物運輸的迷思概念

選項	迷思概念	國小 4年級 (n = 132)	國小 6年級 (n = 147)	國中 7年級 (n = 151)	國中 8年級 (n = 153)	10年級 (n = 153)	高中 11年級 非數理組 (n = 162)	高中 11年級 數理組 (n = 165)
PA-5(a)(1)	光合作用製造的營養(食物)有一部分會轉變為氧，排放到空氣中。	33.0	66.1	45.5	36.6	58.2	46.0	36.7
PB-1(b)(2)(3)	植物的根毛可以透過毛細作用吸收水分。	29.7	41.3	45.7	60.8	44.4	52.7	48.7
PB-4(a)(2)	葉子除了根會吸收水分，氣孔也可以吸收水分。	41.0	43.3	39.7	40.5	35.3	41.4	25.5
PB-6(a)(2)	植物體內的養分可以循環，運送到需要的地方。	n.a.	n.a.	23.3	25.2	20.3	14.2	10.9
PB-6(b)(1)	植物體內的養分可以透過擴散作用輸送到其他部位。	n.a.	n.a.	28.6	16.3	9.8	24.1	10.3
PC-1(a)(1)	光合作用的能量可以把水分往上輸送。	44.0	41.3	34.5	32.7	n.a.	n.a.	n.a.

註：選項中的括弧小寫英文字母(a)、(b)是代表第二階層的選項。
選項中的括弧的數字(1)代表錯誤連結、(2)代表擬人化、(3)代表語言。
n.a.表示無此選項。

第六章　生物運輸概念

表2：學生對於人體循環的迷思概念

選項	迷思概念	國小 4年級 (n = 132)	國小 6年級 (n = 147)	國中 7年級 (n = 151)	國中 8年級 (n = 153)	高中 10年級 (n = 153)	高中 11年級 非數理組 (n = 162)	高中 11年級 數理組 (n = 165)
HA-6(a)(2)	肺部微血管有過濾的功能，把氧氣留在體內，把二氧化碳排出體外。	n.a.	n.a.	35.8	35.3	27.5	27.8	15.8
HA-4(b)(2)	血液可以把人體內的廢物轉變為糞便排出體外。	46.2	51.4	32.3	37.9	n.a.	n.a.	n.a.
HC-2(a)(2)	心臟可以製造血液。	43.3	54.8	23.8	13.7	n.a.	n.a.	n.a.
HC-2(d)(2)	心臟可以過濾並且清潔血液。	11.5	10.2	19.9	17.6	n.a.	n.a.	n.a.
HC-4(a)(2)	心跳可以提高血氧濃度。	25.1	27.1	13.9	14.4	17.9	33.3	15.2
HC-4(b)(2)	心跳(靜脈的收縮)可以提高血液中養分的濃度。	23.0	20.5	27.2	26.8	n.a.	n.a.	n.a.

註：選項中的括弧小寫英文字母(a)、(b)、(d)是代表第二階層的選項。
選項中的括弧的數字(2)代表擬人化。
n.a.表示無此選項。

「HC-4(b)心跳(靜脈的收縮)可以提高血液中養分的濃度」。以「HA-6(a)肺部微血管有過濾的功能，把氧氣留在體內，把二氧化碳排出體外」為例，超過三分之一國中生及十分之一的高中生認為肺臟有清潔與過濾的功能，把氧留在體內，把二氧化碳排出體外。又如「HC-4(a)心跳可以提高血氧濃度」，大約有一半的小學生及四分之一的國中生認為心臟可以製造血液。心臟還具有其他功能，如提高血氧濃度、提高血液中養分的濃度和過濾血液的功能。一般而言，學生的擬人化解釋會隨著年級遞減下來。

(二) 錯誤連結

學生的許多迷思概念起因於錯將生物概念名詞與化學或物理概念名詞連結。例如「PA-5(a)光合作用製造的營養(食物)有一部分會轉變為氧，排放到空氣中。」，有三分之一到二分之一的學生誤認為光合作用生產的氧氣即為生物的營養物質(養分)。「PB-6(b)植物體內的養分可以透過擴散作用輸送到其他部位」，有不少國中學生以擴散作用來解釋植物運輸養分的機制。另外有三分之一的中小學學生選擇「PC-1(a)光合作用的能量可以把水分往上輸送」，他們誤用光合作用來解釋運輸作用的機制。

(三) 語言

語言因素和概念錯誤連結有關，因為生物的型態與構造、生理過程都有特定名稱。以下說明語言對學生運輸迷思概念的影響的研究發現。

三、語言對概念理解的影響

以下就三個例子來說明語言如何影響學童對植物運輸概念的理解：(一)細毛與毛細作用，(二)礦物質與養分，(三)氧氣與養分。

(一) 細毛與毛細作用

圖5的二階層題目是測驗國一學生(N = 73)在植物運輸作用單元教學後對「水分進入根部是滲透壓的原理」的理解。

研究發現植物運輸作用單元教學前有9.6%的學生答對，教學後10.7%的學生答對，顯示該單元的教學成效不如預期。就第二階層的選項「(d) 植物的根有根毛，土壤中的水經由毛細作用，順著根毛，從土壤中流入植物體內」而言，前後測結果差異不大(前測= 39.7%，後側37.3%)。

命題敘述：水分進入根部是滲透壓的原理。

試題：水分是如何流進植物體內？

　　(A) 植物自己可以吸收土壤中的水分。

　*(B) 植物不能主動吸收土壤中的水分，水分是靠滲透壓的原理進入植物體內。

理由：

　　(a) 根像一個中空的吸管，可以自己吸水。

　　(b) 根尖有小孔，可以自己吸水。

　*(c) 水分是透過毛細作用流經根毛，從水分濃度高的地方往水分濃度低的地方流動，植物不會主動吸收水分。

　　(d) 植物的根有根毛，土壤中的水經由毛細作用，順著根毛，從土壤中流入植物體內。

　　(e) 其他：＿＿＿＿＿＿＿＿＿＿＿＿＿＿＿

選項	前測 A	前測 B	前測 總和	後側 A	後側 B	後側 總和
(a)	12.3	0	12.3	12.0	0	12.0
(b)	17.8	2.7	20.6	18.7	0	18.7
(c)	5.5	*9.6	15.1	9.3	*10.7	20.0
(d)	20.6	19.2	39.7	21.3	16.0	37.3
(e)	0	1.4	1.4	0	1.3	1.3
其他	8.2	2.7	11.0	6.7	4.0	10.7
總和	64.4	35.6	100	68.0	32.0	100

圖5：教學前後學生對於水分進入根部的理解

註：*代表正確答案。

　　研究進一步以開放性試題，問學生「毛細作用是什麼意思？」大約有五分之二學生無法回答或答非所問。其他學生只能回答「根上的毛」或「毛細孔」，無法進行概念性的說明。顯然的，這些學生只知道名詞字面意思，不知道水分流入植物體內的原理。研究再進一步調查學生看到「毛細作用」四個字，會聯想到什麼。這個單元教學前，學生的想法可歸納為四大類：(1)無法回答或與答案不相關，(2)日常生活用品，(3)人體的構造，(4)植物體的構造。教學後學生的反應從人體的構造(毛細孔：24.7% → 10.7%)轉變

為植物體的構造(根毛15.1% → 36.0%)。學生對毛細作用現象的解釋只限於物件的描述，教學前大都是聯想到「毛細孔」、「布」、「細毛」和「植物的細毛」。這些聯想完全與毛細作用無關。教學後則聯想到「植物」和「根毛」，進一步解釋為「(d) 植物的根有根毛，土壤中的水經由毛細作用，順著根毛，從土壤中流入植物體內」。教學後學生可以用比較複雜的語言來解釋毛細作用。研究再進一步對學生進行如下晤談，探討迷思概念的真正原因。

> 研究者：在這些選項中，你選擇了(d)植物的根有根毛，土壤中的水經由毛細作用，順著根毛，從土壤中流入植物體內。你可以告訴我什麼是毛細作用嗎？
>
> 學生：植物藉由根毛吸收地下的水分。
>
> 研究者：毛細作用就是根毛吸收水分嗎？
>
> 學生：對阿。
>
> 研究者：那你還知道根毛有什麼其他的作用嗎？
>
> 學生：吸收水分然後就會有表面張力。
>
> 研究者：水要怎麼流進植物體內？
>
> 學生：從根毛。

在英文語彙上，毛細作用(capillary action)的capillary是微血管。capillary action是指在微管中的流動現象。反觀中文，毛細孔、根毛、毛細作用都有一個「毛」字，毛的含意是細細的線狀物，如毛髮、纖維。同理，毛細孔和毛細作用也很相近，兩者都有「毛細」兩個字。中國文字常常是形和音的組合，「毛細孔」是細毛長的地方，學生容易誤判「毛細作用」就是細毛的作用。不知不覺的建立細毛與毛細作用的關係。

(二) 礦物質與養分

圖6呈現學生在植物運輸系統單元教學前對不同物質在植物體內運輸的理解。統計數字顯示學生不理解植物體內礦物質輸送的路徑(正確答案，前

測= 1.4%，後側6.7%)。第二階選項統計數據看出學生在教學後選擇「(b)礦物質和養分由韌皮部的細管輸送，水分由木質部輸送」明顯大量增加(前測= 19.2%，後側= 44.0%)。顯然的，該單元的教學雖然增加學生對植物運輸系統的理解，但是學生對於礦物質的運輸路徑未建立正確的概念。

命題敘述：植物光合作用產生養分的運輸路徑時從葉到莖，再到根，或莖部發芽的部位。

試題：植物如何運送體內的物質？

(A) 植物所需要的不同物質，如土壤中的水分和礦物質、光合作用產生的養分，是由相同的細管輸送的。

*(B) 來自土壤的物質和光合作用產生的養分是經過不同的細管輸送的。

(C) 其他。

理由：

(a) 小分子藉由擴散作用傳送；大分子經由特別的管子(例如導管或篩管)傳送。

(b) 礦物質和養分由韌皮部的細管輸送，水分由木質部輸送。

(c) 水分、礦物質、養分分別從不同的小孔進入植物體內，再由三種不同的管道分別輸送。

(d) 不同的物質進入植物體內，先由不同的小管子傳送，木質部運送水分，韌皮部運送養分和礦物質，然後木質部與韌皮部匯合成大管子，集體運送。

*(e) 礦物質溶解在水中，和水一起由木質部輸送；光合作用產生的養分由韌皮部輸送。

選項	前測 A	前測 B	前測 C	前測 總和	後測 A	後測 B	後測 C	後測 總和
(a)	9.6	9.6	2.7	21.9	1.3	2.7	1.3	5.3
(b)	5.5	11.0	2.7	19.2	12.0	32.0	0	44.0
(c)	5.5	12.3	5.5	23.3	2.7	9.3	1.3	13.3
(d)	2.7	8.2	6.9	17.8	0	9.3	0	9.3
(e)	1.4	*1.4	1.4	4.2	4.0	*6.7	2.7	13.3
其他	2.7	5.5	5.5	13.7	1.3	12.0	1.3	14.7
總和	27.4	48.0	24.7	100	21.3	72.0	6.7	100

圖6：學生在植物運輸系統單元教學前對不同物質在植物體內運輸的理解

註：*代表正確答案。

在教學前與教學後分別晤談學生看見「礦物質」三個字會聯想到什麼，學生教學前後的回答差不多(營養素：31.5% → 29.3%；無機營養素：13.7% → 18.7%)，另外有一半學生無法指出相關的想法。顯然的，大部分的學生無法把礦物質與水分做聯想。有學生看見礦物質，會聯想到營養素或養分，並沒有因為課程單元教學而改變。但是他們對於礦物質在植物體內的傳達的解釋由「礦物質經由管子傳送」改變為「礦物質是營養素，在植物體內會經由韌皮部傳送」。以下是學生晤談。

> 研究者：礦物質在哪裡？
>
> 學生：礦物質就是養分，它有時候會在水裡面，就好像礦泉水裡面有礦物質。
>
> 研究者：你為什麼覺得礦物質就是養分？
>
> 學生：因為植物需要礦物質生長。
>
> 研究者：為什麼你會想到植物是用韌皮部運送礦物質？
>
> 學生：因為礦物質是養分，養分就是經由韌皮部來輸送。

一般而言，營養素是維持人身器官正常運作及新陳代謝的物質。營養素有六大類：醣類、蛋白質、脂肪、維生素、礦物質和水分。前三大類屬於有機營養素，後三大類為無機營養素。其次，我們翻閱國中生物課本，礦物質三個字只出現一次——「植物由根部吸收水分和礦物質，……」，沒有進一步解釋，只附一張圖呈現植物體內物質運輸的模式(圖7)。該圖示呈現兩條植物體內物質輸送的路徑：一條輸送養分，另一條輸送水分。顯然的，學生若是把礦物質歸類為養分，就會誤判礦物質如同養分，是由韌皮部輸送。因此，當課本的圖文不一致時，可能會造成學生的迷思概念。另外，學生對物質分類歸屬與科學家發現不相契合時，也會造成不正確的想法。

(三) 氧氣與養分

圖8呈現學生在植物運輸系統單元教學前與教學後對植物如何傳送養分的理解。後測選擇正確答案的人數只有17.3%。顯然的，課程教學不見成效。在生物學中，光合作用產生的養分是有機養分，如葡萄醣和澱粉。有三

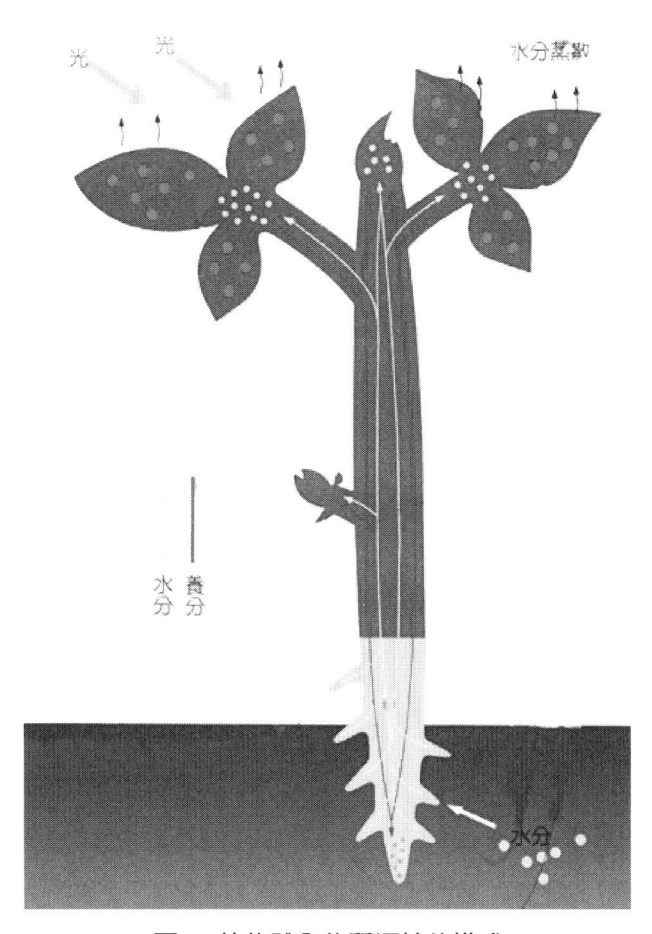

圖7：植物體內物質運輸的模式

資料來源：康軒文教(2012，頁107)。

分之一學生在二階層選項選擇「(b)光合作用製造的養分有一部分會轉變為氧氣，排放到大氣中」(前測= 32.9%，後測= 32.0%)，誤將氧氣與養分歸為同一類物質。

晤談學生看見「養分」兩個字，會聯想到什麼。學生聯想到「氧氣」或「陽光」的人數百分率由教學前的19.2%降到14.7%，正確回答「醣」或「澱粉」的百分率由5.5%提升到34.0%。學生對於「養分」的聯想，由非物質(陽光、養氣)改變為光合作用的產物(葡萄醣、水)。以下摘自學生晤談：

研究者：光合作用產生的養分是什麼？

學生：是植物需要的東西。

命題敘述：植物會把養分運送到需要的地方。
試題：植物葉子行光合作用製造的養分，會送到哪裡？
　(A) 一部分的養分會留在植物體內。
　*(B) 全部的養分都會留在植物體內。

理由：
　(a) 光合作用製造的養分全部儲存在植物體內。
　(b) 光合作用製造的養分一部分會轉變為氧氣，排放到大氣中。
　(c) 光合作用製造的養分一部分會排放到大氣中。
　*(d) 光合作用製造的養分一部分會提供植物的生長，其他的儲存在植物體內。

選項	百分比					
	前測			後測		
	A	B	總和	A	B	總和
(a)	4.1	2.7	6.8	0	1.3	1.3
(b)	32.9	1.4	34.3	32.0	0	32.0
(c)	16.4	5.5	21.9	14.7	2.7	17.3
(d)	17.8	*8.2	26.0	20.0	*17.3	37.3
其他	11.0	0	11.0	10.7	1.3	12.0
總和	82.2	17.8	100	77.3	22.7	100

圖8：學生在植物運輸系統單元教學前與教學後對植物如何傳送養分的理解

註：*代表正確答案。

研究者：這些養分是什麼？

學生：這些養分是植物光合作用的產品，光合作用有光反應和和反應，多出來的水分和氧氣就會從葉子送到空氣中，因為植物不需要他們。葡萄醣會留在植物體內供植物的生長與需求。

研究者：你剛剛說養分會送到空氣中，是哪一種養分會送到空氣中？

學生：那是氧氣。

研究者：為什麼你會覺得氧氣就是養分？

學生：因為動物都需要氧氣阿。

　　研究者：可不可以再講清楚一點。

　　學生：我認為動物可以吸入氧氣，因為身體需要氧氣，所以氧氣就是養分。

　　這一段晤談中，我們看到語言對學習影響。首先這位學生以目的論推理模式(teleological reasoning model)來定義「養分」。亦即相信大自然的現象背後都有一個預期的目的或好處。所以會定義養分是提供動物與植物生存和生長的物質。其次學生把「氧氣」歸屬於「養分」。形成氧氣與養分不正確連結的關係，形成一個迷思概念——光合作用製造的養分，一部分轉變為氧氣，送到空氣中。我們翻閱國中一年級的生物課本，發現書中描述光合作用製造的產品，標示為「養分」和「有機養分」，但未能進一步說明。估且不論課本如何定義養分與有機養分，對於沒有有機化學基本概念的國一學生而言，似乎超越了他們可以理解的範圍。學生對於養分、氧氣與養分的關係，與生物學家的定義有很大的差別。

參、教學建議

　　學生在「生物運輸」概念方面的認知，我們藉由二階試題、生物名詞的聯想和晤談，獲得許多學生在「生物運輸」概念的資料。本文主要探討學生在「植物運輸和人體循環系統」的理解，以及相關影響因素。

　　學生解釋植物體內的運輸作用或人體器官功能時，會以「人的感受」類比推論，建構「聽似合理」的生物適存的理由。例如學生認為「植物除了根會吸收水分，葉子的氣孔也可以吸收水分」、「肺部微血管有過濾的功能，把氧氣留在體內，把二氧化碳排出體外」、「心臟可以製造血液」、「心臟可以過濾並清潔血液」、「心跳可以提高血氧濃度」及「心跳可以提高血液中養分的濃度」。

　　在缺乏充分資訊時，學生單純的以日常生活經驗及個人的感受來推論、類比以詮釋生物現象，造成與科學領域不同的想法。

　　當學生接受物理或化學領域的課程，獲得更多科學術語時，會誤將生

物概念名詞與化學、物理名詞連結，詮釋其對植物運輸系統機制的理解，例如：「光合作用製造的養分(食物)有一部分會轉變為氧氣，排放到空氣中」、「植物體內的養分可以透過擴散作用輸送到其他部位」、「光合作用的能量可以把水分往上輸送」。其次，學童以他們對光合作用或擴散作用的理解，來解釋植物體內物質運輸的機制。誤把光合作用與運輸作用「看似合理」的錯誤連結，建構錯誤的概念。

最後，我們用相關聯想策略，請學生對生物運輸專有名詞，進行相關聯想與晤談，發現學生的迷思概念與錯誤的語言連結有關。包括：

一、細毛與毛細作用：植物的根毛，可以透過毛細作用吸收水分。正確的科學念是水分透過滲透壓進入根毛。

二、礦物質與養分：韌皮部輸送養分與礦物質，木質部輸送水分。生物領域正確的科學概念是，礦物質溶於水中，透過木質部的導管輸送，光和作用製造的養分則由韌皮部輸送。

三、氧氣與養分：光合作用製造的養分，有一部分會轉變為氧氣，排放到大氣中。生物學家的觀點是光合作用製造的養分有一部分提供植物生長，其他的儲存在植物體內。

教室觀察與晤談的研究，我們發現語言對學生的這些錯誤概念的影響可歸納為三大類：語言、中文、教科書。

一、語言

語言與其他因素合併而造成迷思概念有三類：(一)生物專有名詞的雙重性效應(reification effect)，(二)分類效應(category effect)，和(三)以「人的感受」的目的效應(teleology) (熊召弟，1995；Bohlken, 1995; Tamir, 1989; Wang, 2004)。

第一、有關「細毛－水」的聯想，「毛細作用」的雙重性(含指定物與作用)與日常生活的物品(如細毛)合併聯想，建構了「細毛－水」的關係。導致對於以物質名稱命名過程(thing based process)的迷思概念。在生物學生，以物質名稱命名生物生理過程，容易混淆學生對生物生理過程的認知。

第二、「礦物質與養分」的聯想，可能是中文的分類與歸類問題。我們發現學童誤把「礦物質」與「氧氣」歸類於「養分」，亦即泛化屬性。

第三、課本文本描述不清與泛化屬性，會誤導學生建構不正確的概念，例如氧氣為養分的錯誤概念。「泛化屬性」與「以人的感受」為學生對新名詞理解的心智過程(Sutton, 1992)。我們的研究發現學生學習新事物是連結新語詞與其他相關語詞，產生錯誤的詮釋。

二、中文

中文字與英文最大的差異點，中文字兼具形、音和義三者，英文只有形(字母)和音。因此當學生學習以西文為基礎的科學概念時，會產生認知上的衝突。例如：毛細作用(capillary action)延伸的詞彙，指水分在微小細管中上升的現象。反觀中文，「毛細作用」和「細毛」的形與音相似，又「細毛」與「根毛」的形和音也很相近。因此提供學生建構迷思概念的線索。另一個例子是「養分」與「氧氣」，也是因為發音相近，導致學生誤判氧氣為養分。因此當科學名詞與某些日常生活語言形與音相近時，有可能會建構錯誤的概念。換言之，臺灣的學生用中文去學習西方科學的概念名詞常會有語言與認知上的困難。

三、教科書

教科書在學校課程中扮演一個重要的角色。在教學上，許多老師會依照教科書內容與章節順序進行教學、出考試題目。在學習上，學生閱讀教科書，作為準備考試的重要資源。教師們不會關注教科書的內容撰寫是否適合學生的認知能力與認知負荷。我們的研究發現教科書中的科學名詞未明顯定義，相似但不同義的專有名詞(如細毛與毛細作用、養分與氧氣、養分與礦物質)來加以釐清。因此學生在關注教科書時，會自行解讀這些專有名詞的意義，而與生物學家的觀點不一致。未來教科書的編輯可以考慮增編相關名詞解釋與索引。

我們建議科學教師應該對生物專有名詞有明確的認識，並且幫助學生釐清看似相同的生物專有名詞。在教學上，教師要去挑戰學生的迷思概念，幫助學生重建正確的概念。在重建概念的過程中首先教師須要把學習的責任下放給學生。其次，教師需要改變傳統學科分流的信念，許多科學教師認為語文的學習不是科學課程的教學權限。科學的學習是在操作實驗中學習，這是

learning by doing的錯誤詮釋。為了突破中文學習科學術語的障礙，建議教師將閱讀繪畫與書寫融入生物學科的學習。

要破除學生對於生物專有名詞似懂非懂的現象，教師可以鼓勵全班學生寫出他們對某一個專有名詞的理解，再讓學生交互比較、討論或論述。其次為了澄清學生之間分歧的想法，教師提供學生文本、網路資訊或其他媒體，讓學生修正、重建原始的想法。

另一個教學策略是應用紙卡作業，老師可以請每一組學生將一張紙折成三欄，第一欄寫出他們對某一名詞知道的知識(Things we know)，第二欄寫出似懂非懂的名詞或事物(Things we think we know, But are not sure)，第三欄寫不懂的名詞或事物(Things we do not know)。以「毛細作用」為例，老師可以鼓勵學生在這三欄中盡量的寫出他們的想法。教師需要鼓勵學生勇敢的把自己的想法寫出來。透過全班學生的討論，清楚的知道自己的想法與不瞭解的知識，再一起論述與分享過程，修正原先不合理的想法。學生作業第二欄與第三欄有關學生似懂非懂及不懂的名詞或概念，提供老師教學需要著墨的地方。

另一個有關生物名詞與概念的教學策略，是心智圖(或概念圖)教學。教師可以用遊戲的方式，請每一小組(5～6人)同學，針對某一生物名詞或概念名詞(如養分)，輪流說出並在字卡上寫出相關的語詞(如葡萄醣……)，直到學生把知道的語詞說完為止。然後學生討論、並且把字卡放在大圖畫紙上，排列出有意義的心智圖或概念圖。這是學生合作建構的先備知識架構圖。接著，教師提供學生相關的文本訊息或影片，請學生紀錄看見的訊息，再把先前沒有想到的專有名詞寫在有色字卡上，請學生討論並修正原先的心智圖(或概念圖)。教師巡視與指導各組的討論及修正圖。最後請學生寫下，這一個活動中學到的知識。想瞭解更多有關本章節的內容，更多的相關論文，讀者可參閱延伸閱讀文章。

延伸閱讀

1. 吳昭慶(2005)。**國一學生生物運輸概念相關科學語詞學習之研究**。未出版之碩士論文，國立屏東師範學院數理教育研究所，屏東市。

2. 康軒文教(2012)。**國中自然與生活科技課本：一上**。新北：自版。
3. 熊召弟(1995)。**學童的生物觀**。臺北市：心理。
4. Bohlken, B. (1995, March). *The bare facts about the listener's responsibility in understanding semantic meaning*. Paper presented at the Annual Meeting of the International Listening Association. Little Rock, AR.
5. Sutton, C. R. (1992). *Words, science and learning*. Buckingham, UK: Open University Press.
6. Tamir, P. (1989). Some issues related to the use of justifications to multiple-choice answers. *Journal of Biological Education, 23*(4), 285-292.
7. Wang, J. R. (2004). Development and validation of a two-tier instrument to examine understanding of internal transport in plants and the human circulatory system. *International Journal of Science and Mathematics Education, 2*(2), 131-157.
8. Wang, J. R. (2007). Students' thinking and alternative conceptions of transport systems in plants: A follow-up study. *International Journal of Science and Mathematics Education, 5*(2), 307-328.
9. Wellington, J. J., & Osborne, J. (2001). *Language and literacy in science education*. Philadelphia, PA: Open University Press.

【第七章】
學生對呼吸作用概念的理解

高慧蓮

國立屏東大學科普傳播學系（含數理教育碩士班）教授兼系主任
Email: hkao@mail.nptu.edu.tw

第七章　學生對呼吸作用概念的理解

壹、前言

「呼吸作用」概念是國內外生物教材中非常重要的概念之一。然而，學生在接受生物科教學之前，就常會有一些先前概念存在。這些先前概念常和科學家所認同的觀點不同，甚至會與科學的理論模式衝突，所以也稱為另有概念(alternative conception)。這些另有概念往往根深蒂固的存在於學生的概念架構中，會直接影響到其生物科的學習，導致其所建構的生物概念與科學社群所認同的生物概念，有很大的出入，並進而阻礙學生生物概念的學習。因此，生物科教師瞭解學生的呼吸作用想法格外重要，教師如能在教學時選擇合適的教學策略、教學內容與教學方法，將更能幫助學生呼吸作用概念的學習。

在過去的20年中，已有相當多的研究聚焦在兒童對科學的理解。與有關的主題相比較，呼吸作用被認為是學生最難理解的生物概念之一(Barrass, 1984)。所以，過去有很多的研究聚焦在探討學生對呼吸作用的理解(Cakir, Yuruk, & Geban, 2001; Cañal, 1999; Haslam & Treagust, 1987; Songer & Mintzes, 1994; Treagust, 1988)。根據這些的研究，學生擁有與下列有關呼吸作用次概念的另有概念：呼吸作用的定義、氣體交換、呼吸運動、光合作用與呼吸作用的關係。呼吸作用是重要的生命活動，它與生物體其他的系統(如消化系統、和循環系統)環環相扣，唯有理解它學生才能完全瞭解生命體作用的方式。學生若對呼吸作用產生另有概念，對其他的生物概念也會有錯誤的理解(Sanders, 1993)。

有關呼吸作用的研究文獻，國外已有多篇跨年級的橫向研究，例如Soyibo (1983)以已效化過的有關光合作用、呼吸作用、和相關的物理科學概念的53個問題，個別晤談15～19歲之50位男生和50位女生；Haslam與Treagust (1987)測驗西澳伯斯的中學生有關光合作用和呼吸作用的另有概念；Stavy, Eisen與Yaakobi (1987)調查以色列13至14歲以及14至15歲的學生對於植物的呼吸作用和光合作用的瞭解；Seymour與Longden (1991)調查11～18歲的學童對於呼吸作用的另有概念；Treagust (1995)則是調查12～16歲的學生有關呼吸作用的理解。

反觀國內的研究，較少有跨年級的橫向研究，大多以單一年級學生為對象進行調查研究，例如林獻升、顧文欣、薛靜瑩與林陳涌(1999)利用個案研

究的方法探討國一學生對植物呼吸作用概念的瞭解；高慧蓮、蘇明洲與許茂聰(2003)研究國小六年級學童對於呼吸作用的概念。

以上與呼吸作用概念理解有關的研究，大多以小樣本為研究對象，其研究的發現較無法應用到其他地區的學生。所以，本研究搭配國科會概念的研究，以臺灣地區大樣本為對象，進行抽樣調查研究，以瞭解國小(六年級，N = 2,389人)、國中(二、三年級，N = 4,537人)及高中(二年級，N = 1,955人)學生對呼吸作用的概念理解差異，以供生物科教師上課前之參考。

另一方面，本文也進一步探究中小學生對於呼吸作用另有概念的成因。本研究引用Cobern (1989)的迷思概念形成原因，以及Vosniadou (1994)的心智模式理論，深入探究學生形成另有概念的可能成因。Cobern認為另有概念的來源如下：一、學習者錯誤的理解；二、未受教育的知識，包括(一)錯誤的教學、(二)錯誤的訊息；三、學習者本身的另有架構，即學習者對事物的看法，包括(一)學習者既有的想法，對於科學的瞭解，主動的發生障礙、(二)學習者的瞭解並非是科學上的瞭解、(三)學習者對於科學有適當的瞭解，但對於新學習中，無法與世界的觀點配合。另外，Vosniadou在探討兒童對自然現象解釋的研究報告中，指出兒童在解釋自然現象時有下列數種模式：一、初始模式(initial model)：以日常生活經驗的觀察為主，而且不受成人科學模式的影響，是一種直觀、經驗的信念；二、綜合模式(synthetic model)：基於觀察的經驗中，依文化背景及科學的解釋，所做的調和表徵而建構一種新的概念；三、科學模式(scientific model)：與科學觀點一致，是科學家所建立的科學模式。本研究綜合Vosniadou以及Cobern等心智模式與迷思概念形成原因，將中小學生對呼吸作用另有概念形成成因分成以下四種：一、初始模式；二、綜合模式；三、教導影響；四、訊息影響。

貳、呼吸作用命題陳述、試題與分析、以及另有概念的形成原因

一、呼吸作用的命題陳述

本研究發展之命題陳述(表1)，乃是參酌國內外相關文獻、分析中小學相關課程、並經國科會中小學呼吸作用概念研究群與國小教師，在經過多次

表1：中小學呼吸作用的概念命題

主題	命題陳述
1. 呼吸作用的定義	1-1 生物體都必須持續呼吸，以維持生命。(國小強調呼吸動作的層次)
	1-2 動植物在呼吸時，會吸入氧氣，呼出二氧化碳。
	1-3 有氧呼吸(國中階段用呼吸作用)是細胞利用酵素催化，把葡萄糖(養分)氧化分解成二氧化碳、水和產生能量的反應過程。
2. 氣體的交換	2-1 植物的根、莖和葉均有利於氣體交換的構造。
3. 呼吸運動	3-1 人類呼吸是利用胸腔擴張，將空氣吸入肺臟；慢慢吐氣時，胸腔漸漸恢復原狀。
4. 與光合作用的關係	4-1 綠色植物有光時行光合作用，呼吸作用隨時進行。
	4-2 綠色植物光合作用所產生的氧氣，排到大氣中，可供動植物(直接或間接)利用。
5. 呼吸的器官	5-1 有些動物如人類，利用肺呼吸。

的共同討論修正後，發展出適合國內中小學學生之呼吸作用概念命題陳述。最後將此份資料與研究群平日討論與修正的所有疑問，送請植物生理學專家與動物生理學專家共同審核後，並且擇期與專家學者進行面對面的討論，確定無誤後修訂而成。

二、試題與分析

(一) 全國施測呼吸作用概念題目的分布

在本次總計畫的生物概念全國施測中，有關呼吸作用概念的題目有三種題型：1. 小中高概念相同，題目不同題；2. 中高完全相同題；3. 只有國小題目。其中有關「小中高概念相同，題目不同題」的題型中有國小甲試題本的第十題，國小乙試題本的第八題，國中甲試題本的第六題，國中乙試題本的第七題，高中甲試題本的第九題和高中乙試題本的第十題，總共有三題，其所欲調查的概念為「呼吸時胸腔變化與氣體進出肺部的關係」。而「中高完全相同題」的題型中有國中甲試題本的第五題，和高中甲試題本的第八題，總共有一題，其所欲調查的概念為「氧氣對人體的功用」。至於「只有國小題目」的題型中有甲試題本的第九題和第十一題，總共有二題，其所欲調查的概念分別為「瞭解氧氣對人體的應用與意義」、「植物在白天也需要氧氣」(見表2)。

表2：全國施測中，有關呼吸作用概念的題目分布情形

題型	小中高概念相同，題目不同題	中高完全相同題		只有國小題目
概念	呼吸時胸腔變化與氣體進出肺部的關係	氧氣對人體的功用	瞭解氧氣對人體的應用與意義	植物在白天也需要氧氣
題號 國小甲	EBA10		EBA9	EBA11
國小乙	EBB8			
國中甲	SBA6	SBA5		
國中乙	SBB7			
高中甲	HBA9	HBA8		
高中乙	HBB10			

(二) 資料分析

　　研究者從總計劃的全國施測結果的資料庫中，抽取與呼吸作用有關的資料進行分析。學生在每一個題目兩階段選項均答對者，才算擁有正確的科學概念。研究者針對每一題的正確選項及另有概念選項，進行不同年級百分比的比較分析，以調查學生對呼吸作用概念的認知發展情形，並且與相關文獻進行比對。

三、另有概念的形成原因

(一) 研究設計與流程

　　本研究邀請屏東縣市中小學五位自然科教師參與研究，由研究者設計晤談的原案，並進行質的晤談分析。在晤談學童前，先施測由研究者所發展出的「呼吸作用二階段測驗診斷工具」(高慧蓮，2002)，找出學童在呼吸作用概念比較常見的想法，然後再從其中挑出合適的學童做深入晤談，找出中小學學生在呼吸作用相關概念的另有概念形成成因。

(二) 研究樣本

　　本研究的對象為分別為研究教師所任教學校的國小五、六年級、國中一、二年級和高中一年級學生，實施問卷施測。從施測問卷中，選取具有另有概念之國小五年級11人、六年級9人，國中一年級60人、二年級60人，高中一年級15人，進行個別晤談，以瞭解其另有概念形成的原因。

(三) 研究工具

本研究所使用的研究工具有：問卷晤談工具、晤談綱要。本研究所使用之研究工具均以呼吸作用相關概念為依歸。

1. 「二階層式的呼吸作用概念診斷工具」(高慧蓮，2002)：係由研究者與2位小學自然科及2位國中、高中生物教師共同開發完成的，以供大規模全面性、系統性評測學生之呼吸作用另有概念之用。初步工具發展出來之後，即商請十位學科專家進行(內容)效度檢驗，並進行小規模預試，再作試題修正。國小、國中和高中二階段呼吸作用概念診斷研究工具之信度分別為 .623、.784、.6667 (N = 250)，重測信度(Pearson相關係數／顯著性)分別為 .685** / .000、.853** / .000、.720** / .000。「二階層式的呼吸作用概念診斷工具」試題每題皆分為「答案」和「理由」兩部分，為雙層選擇題，每層並保留最後一個選項為【其他】，並畫線讓反應者自行填寫。所以學生可能有數種反應，從二階層紙筆測驗中可以將學生選答結果歸類為具正確科學概念、具另有概念、邏輯思考錯誤及無法測出概念四大類。

2. 晤談：晤談的目的是為了更深入探討樣本對「呼吸作用」概念及另有概念的來源和性質，採用放聲思考法(thinking aloud)的理念。為達此目的，所需的晤談工具包括：晤談綱要(重新排列二階層紙筆測驗之晤談順序並逐題晤談其選答之概念來源)、教科書等。利用語言溝通的方式，引出學生心中真正的想法，請學生對紙筆測驗試題的答案提出解釋、補充說明或修正，在晤談過程中視樣本之臨場想法，對樣本特別想法的回答再深入探討，若發現其回答前後矛盾時，做進一步釐清，直到清楚瞭解學生的用語或解說清楚為止。

(四) 資料分析

將各個學童在「呼吸作用二階段測驗診斷」紙筆測驗的結果加以分析，將具有同一類型另有概念的學童做出分析歸類，選擇另有概念類型代表學童，作為個別晤談之參考。個別晤談後，將晤談錄音內容逐字轉錄(個別晤談的原始資料為全程錄音的錄音帶)，並把轉錄資料加以編碼，逐條列出學童的另有概念與類型。茲將個別晤談資料分析的歷程說明如下：

1. 將接受個別晤談的學童加以編號，並將個別晤談錄音內容逐字轉錄，謄寫為逐字稿，逐字稿開端並附上學生姓名、個案編號、性別、晤談時間等。

2. 將學童晤談轉錄的資料，逐條列出另有概念，形成概念細目表。

3. 將所有受試者的資料，全部整理分析後，歸類出學童的另有概念類型與成因。

參、研究發現

一、全國中小學學生呼吸作用概念之表現

本節針對呼吸作用概念有關「氧氣對人體的功用」、「瞭解氧氣對人體的應用與意義」、「植物在白天也需要氧氣」全國施測結果，研究者分析與討論於下：

(一) 氧氣對人體的功用

中高學生對「氧氣對人體的功用」之概念發展和另有概念分析，研究者整理如圖1。

甲. 氧氣在人體內最主要的功能是什麼？
　1. 促進代謝，排出廢物
　2. 協助人體獲得能量

乙. 你在上面甲的部分選擇的答案的理由，是下面的哪一個？
　A. 氧氣可促進呼吸，排出二氧化碳。
　B. 氧氣是養分的一種，可以提供人體能量。
　C. 氧氣可氧化養分釋出能量，供人體使用。
　D. 氧氣可協助酵素作用，促進代謝。

年級	第一階層答案	A	B	C	D	總計
國中	1	39.41	2.92	2.46	12.26	57.05
	2	8.98	13.25	17.66*	2.71	42.60
	總計	48.39	16.17	20.12	14.97	99.65
高中	1	28.45	0.65	5.12	14.46	48.68
	2	3.19	6.27	39.37*	2.11	50.94
	總計	31.64	6.92	44.49	16.57	99.62

第二階層答案(作答人數百分比)

*第一階層和第二階層皆答對

圖1：中高學生對「氧氣對人體的功用」之概念發展和另有概念分析

約略有一半的學生(42.60%和50.94%的國中和高中學生)能瞭解氧氣在人體內最主要的功能是協助人體獲得能量。但是,只有17.66%和39.37%的國中和高中學生能指出正確的理由:氧氣可氧化養分釋出能量,供人體使用。而13.25%和6.27%的國中和高中學生認為氧氣可以協助人體獲得能量,是因為氧氣是養分的一種。

其他約一半的學生(57.05%和48.68%的國中和高中學生)認為氧氣在人體內最主要的功能是促進代謝,排出廢物。其中有39.41%和28.45%的國中和高中學生認為氧氣可以促進代謝,排出廢物的理由是因為氧氣可促進呼吸,排出二氧化碳。而12.26%和14.46%的國中和高中學生卻認為氧氣可以促進代謝的理由,是因為它可協助酵素作用。此點與Soyibo (1983)的研究類似,作者個別晤談15～19歲之50位男生和50位女生,研究結果發現有66%的學生認為生物體呼吸是為了排除廢物;甚至有高達90%的學生認為呼吸作用就是吸進氧氣和排除二氧化碳。

(二) 瞭解氧氣對人體的應用與意義

國小學生對「瞭解氧氣對人體的應用與意義」之概念和另有概念分析,研究者整理如圖2。

甲.氧氣提供給人類哪些器官使用呢?
　1. 供給全身各個器官使用
　2. 只供給身體特定器官使用
乙.你在上面甲的部分選擇的答案的理由,是下面的哪一個?
　A. 只有特定的器官需要氧氣控制身體的活動。
　B. 氧氣只提供給身體「會動」的器官使用。
　C. 氧氣是製造血液的原料。
　D. 人體各部位的器官都需要氧氣來維持功能。

第一階層答案	第二階層答案(作答人數百分比)				總計
	A	B	C	D	
1	3.05	1.66	7.53	63.23*	75.47
2	15.70	2.17	2.62	3.78	24.27
總計	18.75	3.83	10.15	67.01	99.74

*第一階層和第二階層皆答對

圖2:國小學生對「瞭解氧氣對人體的應用與意義」之概念和另有概念分析

超過一半以上(63.23%)的國小學生能瞭解氧氣提供給人類全身各個器官所使用，因為人體各部位的器官都需要氧氣來維持功能。然而也有15.70%的國小學生認為只有特定的器官需要氧氣控制身體的活動。但只有3.83%的國小學生認為氧氣只提供給身體「會動」的器官使用。也有10.15%的國小學生認為氧氣是製造血液的原料。

　　「部分器官不需要氧氣」的另有概念可以在以下文獻發現：Soyibo(1983)的研究發現學生認為呼吸作用只發生在肺或鰓；Seymour與Longden(1991)發現11～18歲的學童認為1.呼吸作用只發生在肺臟、2.呼吸作用就像流汗一樣，發生在皮膚上、3.呼吸作用只發生在消化系統上。

(三) 植物在白天也需要氧氣

　　國小學生對「植物在白天也需要氧氣」之概念和另有概念分析，研究者整理如圖3。

　　有34.84%的國小學生能瞭解綠色植物白天需要二氧化碳進行光合作用，同時也需要氧氣進行呼吸作用。有43.10%的國小學生卻認為綠色植物在白天不需要氧氣，其中有12.08%的國小學生認為綠色植物只在晚上進行

甲.綠色植物在白天需要氧氣嗎？
　1. 需要
　2. 不需要

乙.你在上面甲的部分選擇的答案的理由，是下面的哪一個？
　A. 綠色植物只在晚上進行呼吸作用。
　B. 綠色植物白天只需要二氧化碳，進行光合作用。
　C. 綠色植物白天只需要氧氣，進行呼吸作用，並不需要二氧化碳。
　D. 綠色植物白天需要二氧化碳進行光合作用，同時也需要氧氣進行呼吸作用。

第一階層答案	第二階層答案(作答人數百分比)				總計
	A	B	C	D	
1	3.38	11.73	5.98	34.84*	55.93
2	12.08	26.83	0.52	3.67	43.10
總計	15.46	38.56	6.50	38.51	99.03

*第一階層和第二階層皆答對

圖3：國小學生對「植物在白天也需要氧氣」之概念和另有概念分析

呼吸作用，而26.83%的學生認為綠色植物白天只需要二氧化碳，進行光合作用。

　　類似「植物在白天不需要氧氣」的想法，可以在許多文獻中發現，例如：Soyibo (1983)的研究發現學生認為植物僅僅在暗處或者夜晚呼吸。Seymour與Longden (1991)的研究發現學生認為：1. 植物進行呼吸作用時，用掉二氧化碳，製造出氧氣、2. 動物行有氧呼吸，植物行無氧呼吸、3. 植物的呼吸作用只有在晚上才進行。Treagust (1995)發現12～16歲的學生認為：1. 植物的呼吸作用不會發生在有光照射的時候、2. 當沒有光能進行光合作用時，二氧化碳會在呼吸作用中被使用、3. 當綠色植物因為沒有光能，停止進行光合作用時，它們還是持續呼吸和散發氧氣、4. 綠色植物只有在沒有光能時才呼吸。Cañal (1999)提出「反呼吸作用」(Inverse respirations)的名詞來描述學生如下的另有概念：1. 植物呼吸作用與動物呼吸作用所牽涉到的氣體交換是相反的；也就是說植物行呼吸作用時，是從空氣中吸收二氧化碳而放出氧氣的、2. 植物在任何時刻均會從事「反呼吸作用」。

二、中小學學生對呼吸作用另有概念的成因

　　本研究初步發現國小、國中、高中學生另有概念的成因類型有15種：教科書、實驗用具、中小學老師、家人關係、錯誤的想法、推理錯誤、聯結錯誤、擬人(動物)化、生活經驗、直覺、直觀、類比、視聽媒體、字義、以偏概全。研究者並進一步依據Vosniadou (1994)以及Cobern (1989)等心智模式與迷思概念形成原因，將這些另有概念成因類型整理成以下四種：

(一)初始認知的另有概念：包括錯誤想法、生活經驗、直覺、直觀、字義。

(二)綜合認知的另有概念：包括推理錯誤、連結錯誤、擬人化、類比、以偏概全。

(三)教導而產生的另有概念：包括中小學老師、家人關係。

(四)訊息而產生的另有概念：包括教科書、課外讀物、實驗用具、視聽媒體。

(一) 對呼吸作用的定義之另有概念及成因分析

　　中小學學生對呼吸作用的定義之另有概念及成因分析，研究者整理如表3。

表3：中小學學生對呼吸作用的定義之另有概念及成因分析

另有概念	成因		
	國小(百分比)	國中(百分比)	高中(百分比)
部分器官不需要氧氣	初始認知(10.0)	訊息影響(25.8)	教導影響(13.3)
	綜合認知(5.0)	初始認知(10.8)	初始認知(6.7)
吸水太多導致水中蔬果腐爛	初始認知(10.0)	初始認知(8.3)	初始認知(6.7)
對植物光合及呼吸作用的氣體交換觀念混淆	初始認知(45.0)	初始認知(13.3)	初始認知(6.7)
		訊息影響(3.3)	
植物沒有葉子就不呼吸	綜合認知(45.0)	綜合認知(59.2)	訊息影響(26.7)
	初始認知(15.0)	訊息影響(25.8)	教導影響(20.0)
	訊息影響(10.0)	初始認知(25.0)	初始認知(13.3)
植物不需要氧氣	教導影響(15.0)	初始認知(15.8)	教導影響(6.7)
	綜合認知(10.0)		
植物晚上儲存氧氣	初始認知(10.0)	初始認知(16.7)	
動物的呼吸作用就是呼吸：吸入氧氣，排出二氧化碳	初始認知(5.0)	初始認知(62.5)	初始認知(40.0)
		訊息影響(21.7)	教導影響(13.3)
		教導影響(3.3)	
植物的呼吸作用就是呼吸：吸入氧氣，排出二氧化碳	初始認知(5.0)	初始認知(25.0)	初始認知(20.0)
		綜合認知(13.3)	綜合認知(6.7)

　　「部分器官不需要氧氣」的另有概念，從小學到高中生都有。小學生通常認為心臟和肺臟等會動的器官都需要氧氣，國中生認為心臟、肺臟、血液和腦部都需要氧氣，高中生認為心臟、腦部和呼吸系統都需要氧氣。國小學生常以自己的呼吸來考慮答案。國中生因為訊息(教科書、視聽媒體廣告)的影響而有其想法。高中生也是因為日常生活用語「腦缺氧」，以及老師的影響而有此另有概念。學生都忽略細胞層次的呼吸作用，提到氧氣就想到呼吸，因為呼吸需要氧氣。

　　「吸水太多導致水中蔬果腐爛」的另有概念，國中生和小學生通常是受到生活經驗的影響，例如木頭泡水會腐壞，颱風過後蔬果泡水爛掉等，學生認為是因為吸水太多，好像人淹水一般的死掉。學生看到的是水危害生物體，卻忘了是因為氧氣不足的關係，因為大家都有被水嗆到的經驗，或者是聽到有人淹死的事情發生，因此對於這一題，學生第一個想到的是「水」。

第七章　學生對呼吸作用概念的理解

高中學生有細胞滲透水的概念，但是學生還是朝向「水」來思考。所以有這另有概念的學生都聚焦在吸太多「水」。

「對植物光合及呼吸作用的氣體交換觀念混淆」是學生最常搞混的概念。學生通常知道植物光合作用的氣體交換，是吸收二氧化碳，吐出氧氣。但是學習到植物也有呼吸作用時，就和光合作用搞混了，甚至有這類另有概念的國中和國小學生認為植物白天的光合作用就是呼吸作用，因為有氣體交換就認為是呼吸作用。有些高中學生認為植物都在行呼吸作用，只不過因為時間的不同而有不同的名稱，例如植物在白天稱為光合作用。

「植物沒有葉子就不呼吸」的概念是學生常犯的另有概念。學生都知道葉子有氣孔，葉子有葉綠素可以進行光合作用，加上氣體交換都認為是從葉子的氣孔進出，所以認為植物沒有葉子就不呼吸。問到植物的莖和根會不會進行呼吸作用時，很多學生都回答不會。國中和國小學生認為植物的根或莖是支持植物體和運輸水分、養分或空氣，而且認為植物的莖或根不會有像葉子氣孔的構造，因此不會和呼吸作用有關。高中學生曾經用顯微鏡看過植物葉子的氣孔構造，印象深刻，再加上國中小的教導，著重植物的莖或根部的運輸作用。所以學生都認為植物的葉子和氣體交換有關。一旦植物冬天葉子掉光了，就無法進行氣體交換，也就是沒有呼吸作用，而且甚至認為植物有養分的提供就可以生存了。

「植物不需要氧氣」的概念，是學生認為植物吸二氧化碳的光合作用，就是呼吸作用。植物和動物就是不一樣，動物需要氧氣，植物需要的是二氧化碳。因為國小學生記得老師說過：「植物吸二氧化碳，放出氧氣」。國中生甚至認為植物一天24小時都需要二氧化碳呼吸，白天有陽光，所以又稱為光合作用。高中學生對植物的概念是行光合作用，需要二氧化碳，並不認為植物需要氧氣，因為光合作用就會製造氧氣，釋放氧氣給動物使用。有這另有概念的學生都是聚焦在植物行光合作用需要二氧化碳。

「植物晚上儲存氧氣」的概念是因為植物白天會吐出氧氣。既然會吐出氧氣，就需要事先儲存，那就是植物前一晚上呼吸作用吸收進來的氧氣。因為國中小的學生沒有化學反應式的概念，認為氧氣將二氧化碳趕出來。所以認為植物光合作用排出的氧氣是前一晚行呼吸作用所儲存的氧氣。至於高中生就沒有這另有概念了，因為高中生有生化反應式的概念了。

「動物的呼吸作用就是呼吸：吸入氧氣，排出二氧化碳」，有這種另有概念的學生，都將呼吸作用的重點擺在「呼吸」兩個字，既然談到呼吸，就想到吸入氧氣，排出二氧化碳。這些國中和國小學生都有做過呼吸作用的實驗，而且都是在驗證氣體交換的產生，所以學生也會將焦點擺在呼吸的氣體方面。學生也將清涼冷氣當作是氧氣，排出二氧化碳，感覺頭腦清新。高中學生認為吸入氧，可以幫助血液循環，會將不好的氣體(二氧化碳)排出體外，因此氧氣在人體中最重要的功能是促進代謝。

「植物的呼吸作用就是呼吸：吸入氧氣，排出二氧化碳」，有這類另有概念的國中和國小學生會擬人化，提到植物的呼吸作用時，自然而然地會想到動物的呼吸：吸入氧氣，排出二氧化碳。甚至有些國中生會以字義「呼吸」，來解釋植物的呼吸作用。而部分高中學生認為氧氣是酵素是養分，可以促進代謝，呼吸排出二氧化碳。

(二) 對氣體的交換之另有概念及成因分析

中小學學生對氣體的交換之另有概念及成因分析，研究者整理如表4。

有「氣體在植物體內循環」另有概念的學生，都會以血液循環來解釋植物體內的氣體循環，因為植物需要空氣，而且有氣體交換的現象，和有儲存空氣的作用，所以認為空氣會在植物體內循環。國中和國小學生認為空氣會由水來運輸循環植物體內，因為空氣會溶於水中，例如魚可以生活在水中，因為水中溶有氧氣。高中學生記得老師曾經說過「根會吸收養分，葉子會散發出不要的水分」，而且也做過「植物蒸散作用」的實驗，發現葉子會排出水分，即由此推論「根部吸收空氣，再將空氣運送到葉子排出」的另有概念。有學生因為觀看DISCOVERY的關係，認為氧氣在植物體內靠水運送。

表4：中小學學生對氣體的交換之另有概念及成因分析

另有概念	成因		
	國小(百分比)	國中(百分比)	高中(百分比)
氣體在植物體內循環	初始認知(10.0)	初始認知(41.7)	初始認知(40.0)
	綜合認知(10.0)	綜合認知(36.7)	訊息影響(13.3)
		訊息影響(5.0)	
葉脈運送空氣至植物全身	綜合認知(35.0)	綜合認知(60.8)	訊息影響(20.0)
		初始認知(39.2)	綜合認知(13.3)

而「葉脈運送空氣至植物全身」的另有概念，是因為學生把葉脈當作是運送空氣、養分和水分的管道。國小學生認為葉脈有小孔(氣孔)，可以進出空氣。並且可以將其中的物質運行植物體全身。甚至有國小學生將葉脈類比成血管，可以運輸空氣、水分和養分。國中學生因字義的關係把葉脈解釋成葉子的脈搏，當然也像脈搏一般可以運輸水分、養分和空氣。也有學生當作血管來解釋類比。高中學生覺得葉脈是運送空氣的管道，葉有氣孔，因此空氣由氣孔或毛細進入植物體，再由葉脈送到植物全身。

(三) 對呼吸運動之另有概念及成因分析

中小學學生對呼吸運動之另有概念及成因分析，研究者整理如表5。

「吸氣靠鼻子用力」相信是很多學生最常犯的另有概念。從國小到高中學生，大家都是以親身的經驗來解釋這一題。學生都有吸氣時感覺肺臟或胸腔變大的狀況，那一定是有使空氣進來的器官，鼻子是呼吸系統直覺想到的其中一個器官。也就是說學生通常依照平常接觸或親身經驗，認為人呼吸時是靠鼻子用力把空氣吸到肺裡，而胸腔因為吸入的空氣而變大，因此呼吸時鼻子要用力。學生以呼吸時的感覺來認定呼吸的動作，鮮少能察覺到是因為胸腔擴張，將空氣吸入肺臟，慢慢吐氣時，胸腔漸漸恢復原狀。

「肺部用力將空氣吸入」的另有概念形成原因，是因為學生初始概念的錯誤。國小學生認為呼吸時是靠肺部用力把空氣吸入，而胸腔因為吸入的空氣而變大，因此呼吸時肺部要用力。學生都有吸氣時感覺肺臟或胸腔變大的狀況，那一定有使空氣進來的器官，肺部是呼吸系統直覺想到的其中一個器官。甚至有學生拿吹氣球膨脹與人類呼吸胸腔變大做一對稱性的比較，因而產生類比不當的另有概念。國中學生感覺用力吸氣，肺好像有用力將空氣吸入肺裡，胸腔變大。感冒時，鼻子不通，肺部也會因為用力而感到疼痛，所以認為肺部用力將空氣吸入。高中學生也是因為生活經驗，認為呼吸的時

表5：中小學學生對呼吸運動之另有概念及成因分析

另有概念	成因		
	國小(百分比)	國中(百分比)	高中(百分比)
吸氣靠鼻子用力	初始認知(30.0)	初始認知(36.7)	初始認知(33.3)
肺部用力將空氣吸入	初始認知(5.0) 綜合認知(5.0)	初始認知(16.7)	初始認知(20.0)

候,肺臟肌肉用力先吸入空氣,然後胸腔變大,就好像吹入空氣之後,氣球才會脹大。

(四) 對與光合作用的關係之另有概念及成因分析

中小學學生對與光合作用的關係之另有概念及成因分析,研究者整理如表6。

「動物和人類形成呼吸氣體的循環(植物行光合作用的目的是要製造氧氣給人類)」的另有概念形成原因,多是以植物光合作用與生物呼吸作用的氣體交換剛好相反,而且對於彼此都很重要,所以學生才會有動植物呼吸氣體循環的概念。國小學生多是因為「認為植物需要二氧化碳然後呼出氧氣」、「而動物又需要氧氣」作錯誤相關的連結,也產生了提供氧氣給人類使用是綠色植物的責任之想法。而國中學生很多是受到教科書文字的影響,例如課文提到:植物光合作用會吸收二氧化碳並釋放氧氣,氧氣可供生物呼吸。這裡的生物,學生通常會以動物來解釋。高中學生是以植物光合作用與生物呼吸作用的氣體交換剛好相反,所以才會有動植物呼吸氣體循環的概念。

「植物白天行光合作用,晚上行呼吸作用。」這是很多國內外學生都會有的另有概念。晤談過國小、國中、高中學生,發現他們回答的幾乎是老師教的,可見學生學習這概念時,身受教導的影響甚鉅。學生回憶當時老師介紹光合作用和呼吸作用是完全相反的,植物白天行光合作用時會儲存二氧化碳,晚上主要行呼吸作用,需要氧氣。所以學生認為植物白天光合作用,晚

表6:中小學學生對與光合作用的關係之另有概念及成因分析

另有概念	成因		
	國小(百分比)	國中(百分比)	高中(百分比)
動物和人類形成呼吸氣體的循環(植物行光合作用的目的是要製造氧氣給人類)	綜合認知(25.0)	初始認知(35.8) 訊息影響(28.3) 綜合認知(20.0)	初始認知(13.3)
植物白天行光合作用,晚上行呼吸作用	教導影響(10.0)	初始認知(16.7) 教導影響(16.7)	教導影響(20.0) 初始認知(13.3)
光合作用與呼吸作用無法同時進行	教導影響(5.0)	初始認知(16.7) 教導影響(16.7)	教導影響(20.0) 初始認知(13.3)

上呼吸作用。因為學生很難理解植物白天怎麼可能會兩種作用(光合、呼吸作用)同時發生呢！

「光合作用與呼吸作用無法同時進行」的概念是延續「植物白天行光合作用，晚上行呼吸作用」而來的。國小學生認為光合與呼吸作用無法同時進行，只能進行其中一項作用，而決定的因素是光線是否充足。國中學生認為植物行光合作用也可以獲得能量(熱能)，因此植物白天可以不行呼吸作用。甚至學生認為植物白天怎麼可能一口氣吸入兩種氣體(氧氣、二氧化碳)呢？所以植物白天行光合作用，不行呼吸作用。高中學生認為有充足的陽光和水的時候，綠色植物只需要二氧化碳，國中生物有著重說明光合作用，植物的呼吸作用並未深植於學生腦中。

(五) 對呼吸的器官之另有概念及成因分析

中小學學生對呼吸的器官之另有概念及成因分析，研究者整理如表7。

「肺臟是空氣過濾器」的另有概念，通常是學生認為空氣中的氣體複雜，有些對於人體有害無益，因此肺臟是具有過濾空氣的作用。國中和國小學生會用類比來解釋肺臟的構造與作用。學生認為肺臟可能是過濾空氣、雜質的地方，因此內部可能有一些過濾空氣或雜質的構造，就像引水機內的濾網或濾心等構造之類的東西。因為空氣是骯髒的、有雜質的，因此需要肺臟來加以過濾。高中學生記得上課談到職業病時，有談到矽肺病，談煙害時又提到抽煙者的肺是黑的，因此覺得肺是空氣過濾器。

「肺臟是中空的」的另有概念是因為國小學生認為肺臟可以裝空氣，既然肺可以裝空氣，就必須有一定的空間，所以認為肺是中空的。還有學生認為肺臟是處理空氣的地方，所以應該是空的，如此才會讓空氣流通。有學

表7：中小學學生對呼吸的器官之另有概念及成因分析

另有概念	成因		
	國小(百分比)	國中(百分比)	高中(百分比)
肺臟是空氣過濾器	綜合認知(30.0)	初始認知(23.3)	初始認知(13.3)
	初始認知(10.0)	綜合認知(19.2)	
		訊息影響(8.3)	
肺臟是中空的	綜合認知(15.0)	訊息影響(37.5)	訊息影響(26.7)
	初始認知(10.0)	綜合認知(15.0)	

生看過父親解剖青蛙，觀察到其實青蛙肺部的構造是空空的，沒有其他的東西。有些國中學生因為教科書以及實驗用具，用氣球代替肺臟模型。使得學生認為肺臟是中空的，因為裡面可以裝很多空氣。也有學生認為肺臟主要目的是要壓縮空氣的，因為呼吸時，肺臟會收縮膨脹，所以認為肺臟是中空且具有彈性的。高中學生認為肺的功能是交換氣體、儲存氣體，因此要有很大的空間，才能裝下足夠量的空氣供全身使用。學生覺得肺在呼吸過程有脹縮，因此要有彈性；也看過書本上的肺臟圖片，因此認為肺臟的構造是中空有彈性的。從國小到高中生，都認為肺臟中空的，才能裝空氣。就好像要有足夠的空間，才能裝很多東西一般。

肆、教學建議

隨著年級的增加，學生對呼吸作用的相關概念是否也一起成長呢？在全國概念調查研究發現，學生對「呼吸時胸腔變化與氣體進出肺部的關係」和「氧氣對人體的功用」的概念確實會隨學生學習而成長，然而成長有限，有些另有概念普遍存在於不同年級學生想法中，例如人呼吸時是靠鼻子用力、肺本身的力量，把空氣吸到肺裡，或肺有肌肉，可以撐大胸腔，讓空氣吸入，而胸腔因為吸入的空氣才變大；氧氣在人體內最主要的功能是促進代謝，排出廢物。大部分的學生都忽略細胞層次的呼吸作用，將呼吸作用視為呼吸運動。然而，學生也大都不瞭解呼吸運動是利用胸腔的擴張，將空氣吸入肺臟。研究者進一步探究中小學生對於呼吸作用另有概念的成因，發現學生學習呼吸作用概念時，有很多的來源會阻礙他們的學習。故研究者建議教材編撰者與教師對學生的另有概念應時時察覺，並可參考本研究與其他相關研究者的發現，審慎地編撰教材與設計課程，教師也可在適當的時機利用合宜的教學策略改變學生的另有概念。

誌謝

本研究承蒙國家科會計畫(NSC 89-2511-S-153-020、NSC 90-2511-S-153-021、NSC 91-2522-S-153-006及NSC 92-2522-S-153-016)經費補助，研究助理群在發展試題及資料整理時齊力投入，使本研究得以順利完成，特致謝忱。

延伸閱讀

1. 林獻升、顧文欣、薛靜瑩、林陳涌(1999)。國一學生對植物行呼吸作用之了解個案研究。**科學教育月刊**，**216**，48-55。
2. 高慧蓮(2002)。**中小學學生呼吸作用概念研究(II)** (NRC90-2511-S-153-021)。臺北市：行政院國家科學委員會。
3. 高慧蓮(2004)。**中小學學生呼吸作用概念研究(IV)** (NSC 93-2511-S-153-021)。臺北市：行政院國家科學委員會。
4. 高慧蓮(2005)。國小六年級學童對氣體交換、呼吸運動和呼吸器官的另有概念成因之探究。**屏東教育大學學報**，**23**，263-291。
5. 高慧蓮、蘇明洲、許茂聰(2003)。國小六年級學童呼吸作用另有概念之質化研究。**師大學報**，**48**(1)，63-92。
6. Barrass, R. (1984). Some misconceptions and misunderstandings perpetuated by teachers and textbooks of biology. *Journal of Biological Education*, *18*(3), 201-206.
7. Cakir, O. S., Yuruk, N., & Geban, O. (2001, March). *Effectiveness of conceptual change text oriented instruction on students' understanding of cellular respiration concepts.* Paper presented at the Annual Meeting of the National Association for Research in Science Teaching. St. Louis, MO.
8. Cañal, P. (1999). Photosynthesis and "inverse respiration" in plants: An inevitable misconception? *International Journal of Science Education*, *21*(4), 363-371.
9. Cobern, W. W. (1989, March). *World view theory and science education research: Fundamental epistemological structure as a critical factor in science learning and attitude development.* Paper presented at the Annual Meeting of the National Association for Research in Science Teaching. San Francisco, CA.
10. Haslam, F., & Treagust, D. F. (1987). Diagnosing secondary students' misconceptions of photosynthesis and respiration in plants using a two-tier multiple choice instrument. *Journal of Biological Education*, *21*(3), 203-211.
11. Kao, H-L. (2007). A Study of aboriginal and urban junior high school students' alternative conceptions on the definition of respiration. *International Journal of Science Education*, *29*(4), 517-533.
12. Sanders, M. (1993). Erroneous ideas about respiration: The teacher factor. *Journal of Research in Science Teaching*, *30*(8), 919-934.
13. Seymour, J., & Longden, B. (1991). Respiration: That's breathing isn't it? *Journal of Biological Education*, *25*(3), 177-183.
14. Songer, C. J., & Mintzes, J. J. (1994). Understanding cellular respiration: An analysis of conceptual change in college biology. *Journal of Research in Science Teaching*, *31*(6), 621-637.

15. Soyibo, K. (1983). *Selected science misconceptions amongst some Nigerian school certificate students.* Paper presented at the International Seminar of Misconceptions in Science and Mathematics. Ithaca, NY.
16. Stavy, R., Eisen, Y., & Yaakobi, D. (1987). How students aged 13-15 understand photosynthesis. *International Journal of Science Education, 9*(1), 105-115.
17. Treagust, D. F. (1988). Development and use of diagnostic tests to evaluate students' misconceptions in science. *International Journal of Science Education, 10*(2), 159-169.
18. Treagust, D. F. (1995). Diagnostic assessment of students' science knowledge. In S. M. Glynn & R. Duit (Eds.), *Learning in science in the schools: Research reforming practice* (pp. 327-346). Mahwah, NJ: Lawrence Erlbaum.
19. Vosniadou, S. (1994). Capturing and modeling the process of conceptual change. *Learning and Instruction, 4*(1), 45-69.

【第八章】
國中生學習「細胞」相關課程的研究

盧秀琴
國立臺北教育大學自然科學教育學系所教授兼系主任
Email: luchowch@tea.ntue.edu.tw

第八章　國中生學習「細胞」相關課程的研究

壹、前言

所有的生物都是由細胞所構成的，有些細胞如雞蛋、蛙卵，是肉眼可見的，有些細胞太小，需藉助顯微鏡的觀察。不管是單細胞生物或是多細胞的生物，都必須依賴細胞完成生理生化的反應以表現生命力；而細胞為了完成它的使命也演化出多樣性，像細長多突起的神經細胞擔負傳導的功能，多微絨毛的腸道細胞擔負吸收的功能。對一個多細胞的生物體(像人)而言，瞭解一個受精卵如何經過有絲分裂而發展成一個個體是奇妙而有趣的，故國中生會樂於從自己的身體結構去瞭解細胞、組織、器官和系統的層次結構；從實驗操作驗證細胞的生理現象，國中生除了學會各種顯微鏡的使用技巧外，更能體會細胞是活的，細胞的生理反應是看得到的，知道細胞的擴散與滲透作用後更能理解生理食鹽水的妙用，例如：清洗隱形眼鏡等。

細胞相關課程是學習生物學的基礎，也是研究生物的一項先備知識與技能，國中階段的細胞相關課程包含：細胞的定義、細胞的形狀與功能、胞器的構造與功能、擴散作用與滲透作用、細胞的組成層次等；國內外有多位學者曾對國中生進行細胞學習的研究，發現將近半數的學生學習完細胞相關課程後，仍不瞭解細胞概念的真正含義，而存有另有概念，例如：認為組成生物體的基本單位是基因，洋蔥表皮細胞內有葉綠體，葉子由許多型態相同的細胞組成，是一種組織；原核生物沒有膜狀構造，所以沒有細胞膜(盧秀琴，2003a，2003b；Marek, Cowan, & Cavallo, 1994)。這些另有概念的存在，對國中生往後學習生物學方面的知識可能造成重大影響。有鑑於此，為使國中生獲得較多細胞相關課程的正確概念，教師在進行教學前，需先瞭解學生可能具有的先存概念和另有概念，尋找有效的教學策略幫助學生獲得科學家的概念，以產生有意義的學習。

國中生尚未親眼見到細胞之前，對於細胞的概念是模糊的，會用巨觀的看法解釋微觀的細胞概念，例如：洋蔥表皮細胞是綠色的，因為有葉綠體的構造。許多生物概念的建立困難來自於需要多方面知識所做的整合，例如：當國中生學習細胞的構造和生理現象時，必須整合各種物質分子的特性、溶液與濃度的定義和相關性，才能說明細胞膜的特性與產生的擴散、滲透等生理現象。根據Dreyfus與Jungwirth (1989)的研究，將學生在生物學上的另有概念來源分為三大類：第一類：一、個人的知識完全錯誤的概念；二、與學

生經驗相關，但非來自課堂。第二類：一、與學生先前學校教學所學得的知識有關；二、教師所使用的字句。第三類：一、知識來源為類似的解釋，有幫助(encouraged)學習的；二、知識來源同上，但遠超出學生所能理解的。而Stepans (1991)認為學生持有另有概念可能來源有六個方面：一、教師缺乏對於學生的另有概念察覺及興趣；二、日常生活的語言和隱喻；三、「只要教就馬上能學到」的假設；四、「話語用字就可以代表是否理解」的假設；五、教科書呈現的概念；六、過分強調講述法。

　　針對教科書而言，早先我國的科學課程所用的教材大多取材自歐、美、日等先進國家現成的課本，鮮少有國內學者自己研發的教材；近年，我國學者逐漸開始研發適合自己國內的科學課程，但進步國家的課程仍是我們主要的參考目標。目前，我國有很多民間版本的國中教科書，但檢核民間編輯的教科書是否能讓學生學到正確概念是必要的，根據盧秀琴(2004a)的研究，發現若教師只有依照教科書教學，沒有仔細探討教科書內涵與學生的背景知識，將造成國中生嘗試錯誤的學習；若教師多以講述法闡釋細胞與細胞生理現象的概念，學生將無法理解而產生以直覺、臆測和生活經驗回答問題的另有概念。學生在進行有意義的學習時，必須以舊有的概念為基礎，藉由同化、調適等過程和新訊息產生交互作用，來獲取新的學習；他引用皮亞傑理論，提出知識的獲得是個體利用已存在的認知結構去同化環境中的訊息，若無法同化，個體就會產生不平衡的認知現象。

　　Stepans (1991)認為國中生持有的另有概念有三項和教師的教學策略有關，即教師過分強調講述法、只要教就馬上能學會的假設和教師缺乏察覺學生的另有概念；盧秀琴(2004a)針對學生另有概念的改進教學，提出應製造認知衝突情境，使學生的認知結構產生衝突，進而修正學生的另有概念架構；為此，盧秀琴(2003a，2003b)根據我國中小學的細胞相關課程內容，提出命題知識陳述，並發展顯微鏡下的世界兩階層診斷式紙筆測驗(Two-Tier Multiple Choice Instrument of the World under Microscope, TIWM)用來診斷我國中小學生的細胞相關概念，將TIWM的命題知識陳述內容說明如表1所示。

　　Posner, Strike, Hewson與Gertzog (1982)針對學生的另有概念，提出概念改變模式(Conceptual Change Model, CCM)，認為學生要發生概念改變必須有四個條件：一、學習者必須對現有概念感到不滿意；二、新的概念必須

第八章 國中生學習「細胞」相關課程的研究

表1：TIWM測驗卷的命題知識陳述之內容

分量表		程度	內容說明
A群：顯微鏡操作技能	1	國中小	在顯微鏡下可以看到微小的物體。
	2	國中小	能依正確的步驟，製作一個水埋法的玻片標本進行觀察。
	3	國中小	染色可以使細胞構造看得更清楚。
	4	國中小	能認識顯微鏡的各部位構造名稱並瞭解其功能。
	5	國中小	能依正確的步驟操作顯微鏡，進行觀察。
	6	國中小	使用顯微鏡時，能瞭解更換倍率的正確操作步驟。
	7	國中小	在複式顯微鏡下觀察到的物體影像左右相反、上下顛倒。
	8	國中	解剖顯微鏡屬於光學顯微鏡，可以觀察目標物的立體構造。
	9	國中	在解剖顯微鏡下觀察到的物體影像，方向和實體相同。
B群：生物、細胞具有可辨認的特性	1	國中小	構成生物最小的單位是細胞。
	2	國中小	植物細胞和動物細胞的形態及構造有些差異。
	3	國中小	動物細胞則不具細胞壁，形態較不規則；液胞較小，不具葉綠體，無法行光合作用(如口腔皮膜細胞)。
	4	國中小	植物細胞具有細胞壁及大型液胞，形態較為規則，如表皮細胞(因為有細胞壁)，部分植物細胞具有葉綠體可行光合作用(如保衛細胞)。
	5	國中	細胞的基本構造包括細胞膜、細胞核、細胞質，細胞質中有多種不同功能的胞器，如液胞等。
	6	國中	生物可依核膜的有無分為原核生物及真核生物。
	7	國中	生物可依細胞的數目分為單細胞生物及多細胞生物。
	8	國中	單細胞生物由一細胞構成個體，多細胞生物的細胞有分工合作的現象，各有不同的形態及功能，細胞會再構成組織、進而構成器官、進而構成系統(植物無此層次)、進而構成個體。
	9	國中	植物的表皮組織包括表皮細胞及保衛細胞。表皮細胞排列緊密，不具葉綠體，有保護功能；保衛細胞多位於葉下表皮，由二個半月型細胞成對排列，具有葉綠體，可控制中央的氣孔之開關。
	10	國中	血液中含有紅血球、白血球及血小板等血球。紅血球因具有血紅素，不需染色即可觀察到。血液在血管中流動，由動脈到微血管到靜脈，其中微血管一次只能讓一個血球通過。
	11	國中	植物的花包含雄蕊及雌蕊。雌蕊的子房中可能有一個以上的胚珠，內含一個卵，胚珠在卵受精後發育為種子，而子房壁發育為果實。
	12	國中	成熟蕨葉的下表皮可見孢子囊堆，內有多個孢子囊，孢子囊成熟後可放出許多孢子以進行繁殖。

表1：TIWM測驗卷的命題知識陳述之內容(續)

分量表		程度	內容說明
C群：微小生物及其環境	1	國中小	水中有許多微小生物，包含生產者、消費者與分解者。
	2	國中小	溫暖潮溼的環境適合黴菌生長。
	3	國中小	黴菌會使有機的物體腐敗，是生態系的分解者。
	4	國中小	水中的微小生物有些會行光合作用，是主要的生產者。
	5	國中小	水中的微小生物有些是魚蝦的食物，是食物鏈中重要的一環。
	6	國中小	生產者、消費者、分解者以及生物生長的環境構成微妙的生態系。
	7	國中小	消費者不具有葉綠素，需以攝食的方式獲得養分。
	8	國中小	分解者不具有葉綠素，可分解生物遺體成排泄物以獲得養分，並將其內的元素歸回土壤中。
	9	國中	生產者包括植物和藍綠藻及水中微小生物，多具有葉綠素，可行光合作用，自行製造養分。
D群	1	國小	在自然環境中有許多眼睛看不到的微小粒子。
	2	國小	存在於水中、空氣中、土壤中的微粒可能造成自然環境的污染，有些則有利於生物的成長。

註：D群為環境中的微小粒子。

是可以理解的；三、新的概念必須是合理的；四、新的概念必須是豐富的，可同時解決現在的問題與提供未來探索的工具。基於上述說明，本研究將分析國中教科書在「細胞」相關課程的編輯內容，其次，探討國中生學習完「細胞」相關課程後，仍具有的另有概念；根據這些另有概念，提出概念改變的教學策略，以提升國中生的學習；這些研究結果可提供給國中教師，應用於細胞相關課程的教學與補救教學，讓學生獲得更多正確的細胞概念。

貳、研究發現

一、國中教科書「細胞」相關課程與個案班級學生學習的分析

盧秀琴(2005)整理九年一貫課程綱要有關「細胞相關課程」的次主題為：生物是由細胞組成的，細目為：瞭解細胞是生命的基本單位及細胞的構造與功能，知道生物可分為單細胞生物與多細胞生物；多細胞生物體內，細胞會分工合作，形成組織、器官或系統。其次，蒐集國中所有現行版本的課程內容，繪製有關「細胞相關課程」的內容架構如圖1所示。

第八章　國中生學習「細胞」相關課程的研究

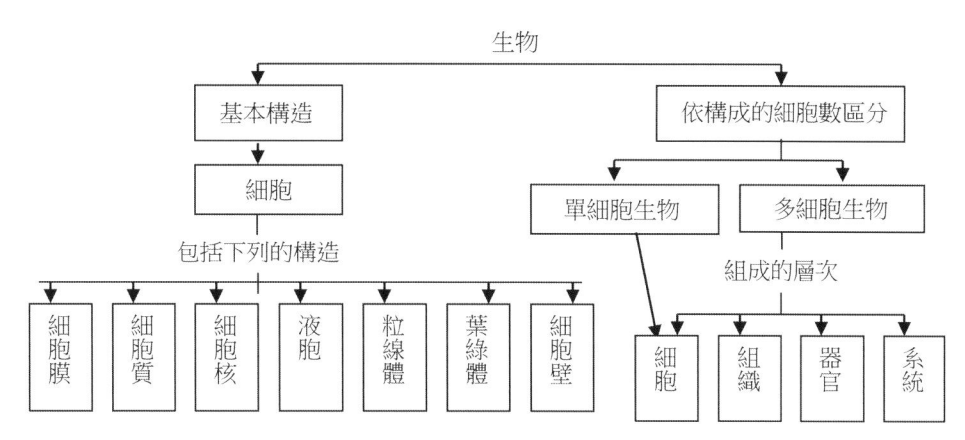

圖1：國中細胞相關課程的內容架構圖

　　整理國中各版本教科書的編輯重點，發現有些版本以「校園走透透」出發，讓學生注意生活週遭的生物各有其不同的型態、構造和機能，進而使用顯微鏡觀察水中微小生物與動、植物細胞，並比較不同細胞的構造、形態，瞭解多細胞生物體內細胞分工合作形成的構造層次。有些版本則以觀察「一幢建築物」出發，用類比教學聯結磚塊和細胞的相對應關係，之後介紹的內容則大同小異。教學重點為學生從細胞發現史瞭解虎克發現細胞的過程，體會顯微鏡的貢獻；然後介紹細胞的基本結構、簡單胞器、不同型態、動植物細胞的異同和單細胞生物與多細胞生物的異同，多細胞生物體如何組成層次與細胞如何分工合作，輔以實驗，學習複式顯微鏡與解剖顯微鏡(有的版本)的使用方法與成像特性，認識顯微鏡下的動植物細胞、單細胞生物與多細胞生物。

　　國中個案教師以「康康版」教科書的「細胞」相關課程做教學，此教科書的課文呈現很多描述性的科學專有名詞或概念文句，但很少說明理由或設計相關實驗去驗證原理，例如：課文說明「軟木塞是由許多蜂窩狀的小格子所組成，稱這些小格子為細胞，細胞是組成生物體的基本單位。」配合課本圖片的軟木塞格子和植物表皮細胞。個案教師都以敘述課文內容為主要上課方式，學生也大都背頌課文內容來參加考試，但可能沒有真正理解「細胞是組成生物體的基本單位」之概念。本個案班級經由TIWM診斷，發現有27.0%的學生認為蜂窩的排列很整齊是生物的構造，也是由細胞所組成；回答此答案的一半(50%)學生，認為答案是源自教科書，可能是受到課文說明和看到軟木塞格子、植物表皮細胞所致。

從教學活動紀錄發現多數國中生所寫的答案都抄襲自課文的文字說明，很少有學生用自己的話表達概念認知或科學詞彙。這驗證學生會盡量使用表面的科學語言，回答問題以獲得高分，但未深思或根本不瞭解文字說明的真正意義。整理學生的學習單或考試卷如下所示：「植物細胞還有細胞壁和葉綠體(S_{07}學習單)。像許多蜂窩狀的小格子稱為細胞(S_{08}學習單)。細胞學說就是生物體都是細胞所組成，細胞是組成生物體的基本單位(S_{37}考試卷)。在多細胞生物中，構造或功能相似的細胞可構成組織(S_{22}考試卷)」。

　　「康康版」教科書介紹單細胞生物與多細胞生物時，陳述「多細胞生物需要藉由各個細胞間的分工合作，才能表現出完整的生命現象」，但沒提到多細胞生物的單一細胞無法獨立生存。個案教師也僅解釋多細胞生物的各個細胞之分工合作，沒有比較單細胞生物與多細胞生物如何完成完整的生命現象。本個案班級經由TIWM診斷，發現有45.9%的學生認為多細胞生物的細胞功能較多且會分工合作，較單細胞生物的細胞容易獨立生存；回答此答案的三分之一(33.5%)學生認為答案是源自教科書，這可能是受到課文說明「多細胞生物需要藉由各個細胞間的分工合作」和直覺反應「多細胞生物比較複雜，所以細胞也比較複雜，因此較容易獨立生存」所致。

　　綜合教科書「細胞」相關課程和個案班級「課室觀察」結果，歸納整理如下：(一)課本的圖文說明應該有正確的示範作用，像口腔皮膜細胞照片應改為一整片的皮膜組織而不是分散的，並應標示放大倍率或比例尺；(二)課文陳述概念或專有名詞時，應詳盡說明前因後果，如果過於簡略而缺乏引導思考的提問或實驗設計，容易造成學生無法理解而只能強行記憶來應付考試，例如：水分和氣體分子可經由擴散作用通過細胞膜，水分藉擴散作用穿透膜的現象，稱為滲透作用；(三)不容易理解的細胞生理現象，若能藉由實驗觀察再定義科學概念會幫助學生理解，例如：增加擴散與滲透作用實驗，引導學生討論擴散與滲透作用的定義和作用，學生較能從生理現象中去推論他們的看法。

二、我國北部地區國中生獲得「細胞」概念和產生「細胞」另有概念的分析

　　盧秀琴(2003a，2003b)以TIWM診斷我國北部地區400位國中學生，分析其正確概念的發展如表2所示。A群為顯微鏡操作技能，B群為細胞具有可

第八章　國中生學習「細胞」相關課程的研究

表2：以TIWM診斷北部地區400位國中學生之正確概念百分比

分量表		命題知識陳述 內容說明	正確概念 百分比(%)
A群	1	解剖顯微鏡屬於光學顯微鏡，可以觀察目標物的立體構造。	26.5
	2	在解剖顯微鏡下觀察到的物體影像，方向和實體相同。	22.5
B群	1	植物細胞和動物細胞的形態及構造有些差異。	34.6
	2	動物細胞則不具細胞壁，形態較不規則；液胞較小，不具葉綠體，無法行光合作用(如口腔皮膜細胞)。	40.9
	3	植物細胞具有細胞壁及大型液胞，形態較為規則，如表皮細胞(因為有細胞壁)，部分植物細胞具有葉綠體可行光合作用(如保衛細胞)。	32.3
	4	生物可依核膜的有無分為原核生物及真核生物。	11.2
	5	生物可依細胞的數目分為單細胞生物及多細胞生物。	35.2
	6	單細胞生物由一細胞構成個體，多細胞生物的細胞有分工合作的現象，各有不同的形態及功能，細胞會再構成組織、進而構成器官、進而構成系統(植物無此層次)、進而構成個體。	43.8
	7	植物的表皮組織包括表皮細胞及保衛細胞。表皮細胞排列緊密，不具葉綠體，有保護功能；保衛細胞多位於葉下表皮，由二個半月型細胞成對排列，具有葉綠體，可控制氣孔之開關。	44.1
	8	血液中含有紅血球、白血球及血小板等血球。紅血球因具有血紅素，不需染色即可觀察到。血液在血管中流動，由動脈到微血管到靜脈，其中微血管一次只能讓一個血球通過。	41.5 37.8
	9	植物的花包含雄蕊及雌蕊，子房中可能有一個以上的胚珠，內含一個卵，胚珠在卵受精後發育為種子，而子房壁發育為果實。	37.5
	10	成熟蕨葉的下表皮可見孢子囊堆，內有多個子囊，孢子囊成熟後可放出許多孢子以進行繁殖。	40.3
C群	1	生產者包括植物和藍綠藻及水中微小生物，多具有葉綠素，可行光合作用，自行製造養分。	33.1

辨認的特性，C群為微小生物及其生活環境。根據TIWM題目的兩階層答案都答對的百分比統計，對應其命題知識陳述內容，表示能夠建立的概念與技巧。有四成以上國中學生能夠建立的細胞概念有：(一)動物細胞不具有細胞壁，形態較不規則，液胞較小，不具葉綠體，無法行光合作用；(二)單細胞生物由一細胞構成個體，多細胞生物的細胞有分工合作的現象，各有不同的

形態及功能，細胞會再構成組織、進而構成器官、進而構成系統(植物無此層次)、進而構成個體；(三)植物的表皮組織包括表皮細胞及保衛細胞；(四)表皮細胞排列緊密，不具葉綠體，有保護功能；(五)保衛細胞多位於葉下表皮，由二個半月型細胞成對排列，具有葉綠體，可控制氣孔之開關；(六)血液中含有紅血球、白血球及血小板等血球；(七)紅血球因具有血紅素，不需染色即可觀察到；(八)血液在血管中流動，由動脈到微血管到靜脈，其中微血管一次只能讓一個血球通過；(九)成熟蕨葉的下表皮可見孢子囊堆，內有多個子囊，孢子囊成熟後可放出許多孢子以進行繁殖。曾千虹與耿正屏(1993)研究臺灣中學生之細胞概念發展，和本研究的結果有一半以上是相呼應的。

以TIWM診斷我國北部地區400位國中學生，根據題目、答錯百分率、重要的另有概念陳述與另有概念類型分析，整理如表3所示。

從表3發現，有將近半數的國中生無法辨識解剖顯微鏡的影像，顯然他們沒有操作過解剖顯微鏡，完全以臆測模式在猜測解剖顯微鏡的影像。國中

表3：以TIWM診斷北部地區400位國中學生之另有概念陳述與類型

TIWM題目	答錯百分比(%)	重要的另有概念陳述	另有概念類型
A01	11.2	認為越強的光線，對顯微鏡下的細胞觀察越有利。	經驗誤用模式
A02	29.0	操作顯微鏡的步驟混亂，認為先擦去多餘的水分，再蓋片才不會有氣泡。	操作錯誤
A03	43.0	無法辨識解剖顯微鏡與複式顯微鏡下的孢子囊堆、孢子囊、與孢子的影像而亂猜。	臆測模式
A04	15.3	認為解剖顯微鏡的影像是上下顛倒、左右相反的。	認知錯誤模式
B01	14.1	認為葉子型態大小、形狀相似，所以是由細胞所組成的。	經驗誤用模式
B02	20.2	認為只有部分植物細胞有細胞壁，像保衛細胞有細胞壁，洋蔥表皮細胞沒有細胞壁。	記憶連結錯誤
B03	42.9	學生認為植物細胞與動物細胞最大的差別在於：植物細胞都有葉綠體，動物細胞沒有。	化約模式
B04	22.5	認為洋蔥表皮細胞的葉綠體、大型液胞和流動的細胞質，會將細胞核擠離中央。	經驗誤用模式

第八章 國中生學習「細胞」相關課程的研究

表3：以TIWM診斷北部地區400位國中學生之另有概念陳述與類型(續)

TIWM題目	答錯百分比(%)	重要的另有概念陳述	另有概念類型
B05	16.7	學生認為細胞的液胞會積存染料，顏色會很深。	推理不當模式
	22.2	學生認為只有植物細胞才有液胞，動物細胞沒有。	認知錯誤模式
	20.2	學生認為液胞中含有葉綠素，是進行光合作用的構造。	認知錯誤模式
B06	28.0	認為藍綠藻沒有細胞壁，因為只有植物細胞才有細胞壁。	化約模式
	20.2	認為原核生物沒有任何膜狀構造，所以沒有細胞膜。	認知錯誤模式
B07	54.0	認為多細胞生物的細胞功能較多且會分工合作，較容易獨立生存。	推理不當模式
B08	12.4	認為葉子是由許多型態相同的細胞所組成，所以葉子是一種組織。	認知錯誤模式
B09	18.4	認為捕蟲植物不會行光合作用，靠捕蟲獲得養分以維生。	經驗誤用模式
	15.6	植物必須行光合作用以求得生存，故認為所有的植物細胞都會進行光合作用。	化約模式
B10	14.1	認為三種血管分別具有不同的血球(分別具有白血球、紅血球、血小板)，故三種血管的功能不同。	認知錯誤模式
	19.0	認為生物動脈的管腔最大，靜脈次之，微血管最小。	記憶連結錯誤
B11	32.0	認為所有植物子房如同動物的卵巢，同時含有許多胚珠。	推理不當模式
C07	32.0	認為變形蟲會將物體分解物質，使其組成物質回歸至環境中，屬於分解者。	認知錯誤模式

生學習細胞產生的另有概念，最常發生的是認知錯誤模式，其次尚有經驗誤用模式和推理不當模式，究其原因應該是國中教材的細胞概念比國小的深奧而複雜，學生一時之間無法接受那麼多的細胞概念與名詞定義，產生認知上的混淆，也會將相關的概念與階層的概念誤用；如果教師做有系統的知識講解和概念整理，相信可以改善。Chi, Slotta與De Leeuw (1994)認為類別內的

概念改變，是指概念改變的發生是在於同一本體樹內概念上下的轉變，而不是跨越不同的本體樹，這種類別內的概念改變情形大都發生在缺乏知識或缺乏練習所致。舉例來說：鯨魚常被誤認為是魚，但經由增加對鯨魚的瞭解，使既有的知識表徵逐漸與哺乳類的特性連結，則鯨魚的分類就不再屬於魚類而是哺乳類；如此經由不斷的教學和練習，學生較容易產生概念的轉變而獲得正確的概念認知。

TIWM測驗診斷國中學生以歸納另有概念的類型有：(一)化約類型，如所有的植物細胞都有葉綠體的構造；(二)推理不當類型，如多細胞生物的細胞功能較多且會分工合作，故多細胞中的單一細胞較容易獨立生存；(三)經驗誤用類型，如蜂窩的大小、形狀都相似，所以是由細胞組成的；(四)記憶連結錯誤類型，如只有部分植物細胞有細胞壁，像洋蔥表皮細胞就沒有細胞壁；(五)認知錯誤類型，如液胞中含有葉綠素，是進行光合作用的構造。Lazarowitz與Shemesh (1989)認為生物課本大部分以描述性的方式呈現，以致被許多人認為是最容易學習的學科，然而很多學生學習生物概念時多半使用背誦的方法，常造成不能理解的困擾。盧秀琴(2005)統計出有10.8%～16.2%的國中學生，其具有細胞相關課程的另有概念是源自教科書的，建議教師應加強挑選教科書的能力，找出生物教科書的選擇標準，顧及科學概念、圖文說明的配合度和學生起點行為的考量。

三、「細胞」概念改變教學提升國中生獲得「細胞」概念的分析

盧秀琴與黃麗燕(2007)觀察兩個案班級教學後，從學生的訪談、TIWM測驗、細胞生理現象開放式問卷(Cell Physiological Phenomenon Open-Ended Questionnaire, CPOQ，彌補TIWM沒有「細胞生理現象」的內容)，蒐集學生具有細胞課程的另有概念，根據學生的另有概念類型，以概念改變模式作為理論依據，以5E學習環教學策略研發另有概念改變教學設計，結果如表4所示。

根據本體論來研發「細胞相關課程」改變教學設計，屬於本體類別內的概念改變教學設計有：細胞的定義、動植物細胞、細胞的構造與功能、單多細胞生物特徵和生物體的組成層次，限於篇幅，以葉子的組成層次做說明如表5所示。

表4：國中生具有「細胞課程」的另有概念、類型分析及另有概念改變教學設計

課程內容	學生具有另有概念的細目說明與資料蒐集來源	另有概念類型	另有概念改變教學設計
一、細胞的定義	1. 形狀規則、大小相似的構造如蜂窩，是細胞構造(訪談)。 2. 人的口腔皮膜細胞是肉色的(訪談)。 3. 神經細胞不是細胞，而是其他東西(訪談)。 4. 原核生物沒有任何膜狀構造，所以沒有細胞膜(TIWM)。	經驗誤用類型 (以生活經驗當成是正確的科學意義)	應用探究式教學法進行細胞的顯微鏡觀察，並進行討論
二、動植物細胞	1. 動物細胞比植物細胞大，或植物細胞比動物細胞大(訪談)。 2. 植物細胞與動物細胞最大的差別在於：植物細胞都有葉綠體，動物細胞則沒有(訪談)。	化約類型 (把多數複雜的概念，簡化成數個簡單概念)	進行細胞的顯微鏡觀察，討論細胞放大與比例尺的關係
三、細胞的構造與功能	1. 細胞膜在細胞壁的外面(訪談)。 2. 藍綠藻沒有細胞壁，因為只有植物細胞才有細胞壁(TIWM)。 3. 細胞質內含有重要的細胞，感覺水水的(訪談)。	記憶連結錯誤 (將概念的定義陳述錯誤，或混淆不同類型的概念誤用)	應用實際的動植物細胞模型和藍綠藻圖片，進行圖形類比教學
四、單、多細胞生物特徵	1. 多細胞生物的細胞需分工合作，所以細胞較為複雜，而單細胞生物只有一個細胞，較為簡單，因此複雜的細胞較容易生存(TIWM)。 2. 單細胞生物的細胞簡單，比較不容易生存(訪談)。	推理不當類型 (將相關概念與階層概念誤用)	應用探究式教學法，討論單一細胞可獨立生存的理由
五、生物體的組成層次	1. 葉子是由許多型態相同的細胞所組成，所以葉子是一種組織(TIWM)。 2. 葉子型態、大小、形狀相似，是由細胞組成的組織(TIWM)。 3. 葉子內含有許多構造，所以葉子是一個系統(TIWM)。 4. 葉子是一個組織，但因為葉子內含有許多組織，葉子亦是一個器官(TIWM)。	推理不當類型(將相關概念與階層概念誤用)	應用探究式教學法，從葉子橫切面觀察討論葉子的組成層次，進行葉子層次的概念構圖

表4：國中生具有「細胞課程」的另有概念、類型分析及另有概念改變教學設計(續)

課程內容	學生具有另有概念的細目說明與資料蒐集來源	另有概念類型	另有概念改變教學設計
六、細胞的生理現象	1. 細胞內外的濃度差是指細胞內外水的濃度差(CPOQ)。 2. 細胞外的物質往細胞內移動的現象稱為滲透，而細胞內的物質往細胞外移動稱為擴散(CPOQ)。 3. 有藉擴散作用穿過膜的就叫做滲透作用，沒有藉擴散作用穿過膜的就叫做擴散作用(CPOQ)。	認知錯誤類型 (對生物學的概念看法和教科書不一樣)	應用探究式教學法進行細胞的擴散與滲透實驗教學，學習濃度的定義

「葉子的組成層次」屬於本體類別內的概念改變，根據學生的另有概念：葉子是一個組織，但因為葉子內含有許多組織，葉子亦是一個器官，究其原因為學生不理解生物體組成層次的定義和之間的關係，為推理不當類型，這屬於同一個本體樹內上下概念的轉變，概念改變教學設計應在於信念的修正。

另外，「細胞的生理現象」屬於本體類別間的概念改變，根據學生的另有概念，認為學生對於細胞內外的濃度差、細胞的擴散與滲透等定義錯誤，為認知錯誤類型，這必須從相對濃度比較遷徙到細胞膜的特性而產生細胞的擴散或滲透概念，對學生是困難的。所以採用(一)參與階段：引導學生討論病人打點滴時，為何注射生理食鹽水？思考細胞和生理食鹽水的關係。(二)探索階段：播放「細胞膜的物質運送」之電腦動畫影片，引導學生整理「細胞的擴散與滲透」。(三)解釋階段：學生觀察小黃瓜抹鹽後的現象和植物細胞的滲透實驗，並解釋原因。(四)精緻化階段：學生說明細胞萎縮、細胞恢復的溶液濃度與細胞濃度之關係。(五)評量階段：學生能預測口腔皮膜細胞在5%蔗糖溶液中的實驗結果，以及繪圖說明細胞的滲透作用。整理說明如表6所示。

為診斷兩組學生再學習「細胞相關課程」後，獲得的科學概念是否有改變，改變是否受到學生成熟效應的影響，利用兩組學生的TIWM前測、後測和延宕後測得分進行t考驗。研究結果發現，實驗組學生的TIWM後測平均得分高於前測平均得分，達到顯著差異 ($t = 4.161, p < .01$)；對照組學生的前

表5：本體類別內的概念改變教學設計：「葉子的組成層次」之5E學習環檢核

5E學習環	教師角色	教師提問與學生角色說明
參與 (engagement)	1. 引起學生的回應，從中發現學生對概念的認識與想法	1-1 提供真實葉片的橫切面圖片作為教學情境引導。 1-2 詢問：葉子是屬於生物組成層次中的哪一個層次？ 1-3 提供榕樹葉橫切面玻片標本，學生進行顯微鏡觀察。
探索 (exploration)	1. 提出探討的問題，引導學生進行探究 2. 教師扮演顧問角色 3. 允許學生有充分的思考時間	1. 引導學生討論細胞、組織、器官的定義為何？ 2. 引導學生觀察葉子的表皮組織、葉肉組織、輸導組織等。 3. 引導學生觀察下表皮組織具有幾種不同類型的細胞，它們的形態和功能是否相同？
解釋 (explanation)	1. 要求學生提出證據與澄清 2. 鼓勵學生用自己的話語來解釋概念	1. 學生說明葉子應屬於哪一個生物組成層次？所持的理由為何？有反駁的意見嗎？ 2. 學生舉例說明屬於葉子的細胞層次有哪些細胞？屬於葉子的組織層次有哪些組織？
精緻化 (elaboration)	1. 鼓勵學生應用概念與技能於新的情境中 2. 學生能使用先前提供的科學符號、定義與解釋	1. 學生利用葉片的橫切面圖片，標示出各種細胞、組織和器官的層次。 2. 畫出自己所學習的「葉子的組成層次」之概念構圖，包含細胞、組織和器官等科學概念和連接詞。
評量 (evaluation)	1. 評量學生的知識與技能 2. 尋找學生已改變的想法	1. 請學生在紫背鴨跖草橫切面圖片，標示器官、組織和細胞的位置；寫出葉子屬於何種組成層次。 2. 請學生寫出紫背鴨跖草葉子組成層次的概念構圖。

後測成績則沒有差異；表示接受「細胞相關課程」概念改變教學的學生獲得較多的科學概念，而使用一般講述法的再教學，學生沒有獲得較多的科學概念。兩組學生在TIWM後測、延宕後測得分均不具顯著差異，顯示兩組學生的「細胞相關課程」概念獲得並未受到成熟效應的影響。

另外，為診斷實驗教學後，兩組低、中、高分群學生之間的TIWM得分是否具有顯著差異，將兩組低、中、高分群學生之TIWM後測得分進行獨

表6：本體類別間的概念改變教學設計：「細胞的生理現象」之5E學習環檢核

	教師角色	教師提問與學生角色說明
參與 (engagement)	引起學生反應，從中發現學生對概念的認識與想法	1. 病人打點滴時，為何注射生理食鹽水？ 2. 人類細胞在生理食鹽水和清水中，各有什麼反應？
探索 (exploration)	1. 允許學生有充分的思考時間 2. 教師扮演顧問角色 3. 觀察與聆聽學生間的互動 4. 提出問題，引導學生探究	1. 學生解釋生理食鹽水比清水適合細胞的原因 2. 教師播放「細胞膜的物質運送」之電腦動畫影片 3. 引導學生整理「細胞的擴散與滲透」有哪些？ 4. 細胞有沒有濃度？為何打點滴時要用生理食鹽水？
解釋 (explanation)	1. 鼓勵學生用自己的話解釋概念並提出證據與澄清 2. 應用學生已理解的概念來進一步解釋	1. 學生觀察小黃瓜抹鹽後的現象，引導學生從鹽對小黃瓜細胞的影響，解釋小黃瓜細胞萎縮的原因。 2-1 以10%和0.1%食鹽水做水蘊藻細胞的滲透實驗，用顯微鏡觀察，先觀察細胞萎縮，再滴0.1%食鹽水讓細胞恢復。 2-2 請學生解釋水蘊藻細胞產生形變的原因？
精緻化 (elaboration)	1. 鼓勵學生應用概念與技能於新情境中	1-1 能說明造成細胞萎縮、細胞恢復的溶液濃度與細胞濃度之關係，並以其他植物細胞做驗證。 1-2 教師以1%食鹽水說明溶液、溶質、溶劑、濃度的定義 1-3 學生放聲思考說明如何配置10%和0.1%的食鹽水
評量 (evaluation)	1. 評量學生的知識與技能 2. 觀察學生應用科學的概念與技能回答問題	1-1 觀察置入10%和0.1%食鹽水的口腔皮膜細胞，說明細胞各會產生什麼變化。 1-2 解釋原因。 2-1 預測口腔皮膜細胞在5%蔗糖溶液中的實驗結果 2-2 學生繪圖說明細胞的滲透作用。

立樣本t考驗，並計算實驗效果量(簡稱ES)。研究結果發現，實驗組的總人數、中、低分群學生，其TIWM後測平均得分高於對照組的學生，達到顯著差異(t = 3.355, t = 2.770, t = 3.223, p < .01)；高分群學生則否。從ES知道，

在經過概念改變教學後，實驗組學生的TIWM後測得分進步超過對照組學生0.51個標準差，達到中度實驗效果，實驗組中、低分群學生的TIWM後測得分進步各超過對照組學生0.62、1.00個標準差，達到中度到高度的實驗效果。

經過概念改變教學後，學生獲得修正較多的另有概念有：(一)多細胞生物的細胞需要分工合作，每個細胞較為複雜，較單細胞生物容易生存(39.5%)；(二)動物細胞比植物細胞大，或植物細胞比動物細胞大(24.8%)。學生修正較少的另有概念有：(一)植物細胞都有葉綠體，動物細胞則沒有(0%)。(二)原核生物沒有任何膜狀構造，所以沒有細胞膜(3.4%)。(三)有藉擴散作用穿過膜的就叫做滲透作用，沒有藉擴散作用穿過膜的就叫做擴散作用(6.9%)。而減少另有概念占總人數百分比最多的是低分群，而高分群占最少，因為高分群學生原本具有的另有概念，比例就比中、低分群學生少很多。

參、教學建議

國中生物教科書編輯應考量國中生的需要，各單元需配合適當的「探討活動」和討論，使概念更清晰，課文要適確的陳述主要概念，避免隱藏的另有概念；課文說明的本質應考慮學習者的起點行為，所呈現的圖、表及照片，配合文字的說明，應著眼於讓學生真正瞭解，避免圖片指稱不清或出現罕見的照片範例。

國中個案教師多以教師為中心，以講述法傳遞「細胞」相關課程的概念，但學生對於語言傳遞、課本文字和圖解的理解程度不同，而造成不能理解的困擾，但限於教學時數的關係，促使大多數的生物教師依舊選擇一般講述教學當作主要的教學策略；故建議教師應加強挑選教科書的能力，顧及科學概念、圖文說明的配合度和學生的起點行為。

教師在進行「細胞」相關課程教學前或想進行補救教學時，可參考本研究整理的學生可能具有的先前概念和另有概念，也可參考本研究的概念改變教學設計，選擇性的加在自己的課程設計中，例如：比較動植物細胞大小時，可進行動植物細胞電腦放大相同倍率做比較；教學細胞的定義，細胞的構造與功能時，可參考本研究設計的模型類比；葉子組成層次的放聲思考討

論和概念構圖能幫助學生建立生物體組成層次；對於較難的「細胞的生理現象」，則建議放在國二化學課程，上到溶液、濃度和滲透壓時一併做討論，或建議教師採用探究式實驗操作，嘗試增加學生的背景知識，如以電腦輔助動畫教學，說明溶液與濃度，各種物質分子、離子的性質，如何進出細胞膜，造成水流方向的平衡過程，則能增進學習的成效。

學生的另有概念是不容易改變的，雖然學生可能再閱讀文章而知道文字說明的意涵，但仍堅持自己的另有概念是對的。若想要讓學生改變概念必須挑戰學生的迷思概念，讓學生自行建構更能解釋現象的置換概念；所以一篇好的科學文章，應該讓讀者有經歷探究和論證的歷程，例如：有關於SARS文章的報導，若宣稱SARS是由某病毒所引起的，應從檢驗SARS病人中找到一些證據，像從檢體分離到此病毒，從病人血液和體液也分離出相同的病毒，以及找到此病毒感染病人的途徑，才能建立SARS是由某病毒傳染的。

盧秀琴(2004b)根據學生的另有概念，尋找適當教材編寫出經歷探究和論證歷程的說明性文章，幫助學生閱讀而澄清自己的另有概念而發展「細胞相關課程閱讀理解能力測驗」(Reading Comprehension Tests of Cell-Related Curriculum, RCTC)；RCTC國中卷包含四個分量：重要概念、科學詞彙、邏輯推理和分析預測等，建立RCTC的表面效度、內容效度和構念效度，使科學文章適合學生閱讀，其文章內容可以充分反映國中細胞相關課程的內涵，而題幹陳述與答案選項可以充分反映學生如何產生另有概念；同時確立RCTC之四個評測分量為測驗中的主要構念，可以解釋的變異量有40.99%。

誌謝

本研究承國科會科教處給予經費補助(NSC 92-2522-S-152-011, NSC 91-2522-S-152-007, NSC 90-2511-S-152-019)，研究生群在發展試題、研發概念改變教學及資料整理時，全心投入，使本研究得以順利完成，僅在此致上最高的謝意。

延伸閱讀

1. 曾千虹、耿正屏(1993)。國小、國中及高中學生之細胞概念發展。**科學教育**，**4**，157-182。

2. 盧秀琴(2003a)。顯微鏡下的世界兩階層診斷式紙筆測驗的發展與效化。**國立臺北師範學院學報**，**16**(1)，127-166。
3. 盧秀琴(2003b)。臺灣北部地區中小學學生的顯微鏡操作技能與相關概念之發展。**國立臺北師範學院學報**，**16**(2)，161-186。
4. 盧秀琴(2004a)。不同教學策略影響中小學學生學習顯微鏡相關課程之探究。**國立臺北師範學院學報**，**17**(1)，147-172。
5. 盧秀琴(2004b)。中小學「細胞相關課程閱讀理解能力測驗」的發展與效化。**國立臺北師範學院學報**，**17**(2)，83-114。
6. 盧秀琴(2005)。探討教科書與中小學學生學習細胞相關概念的關係。**科學教育學刊**，**13**(4)，367-386。
7. 盧秀琴、黃麗燕(2007)。國中「細胞課程」概念改變教學之發展研究。**科學教育學刊**，**15**(3)，295-316。
8. Chi, M. T. H., Slotta, J. D., & De Leeuw, N. (1994). From things to processes: A theory of conceptual change for learning science concepts. *Learning and Instruction*, *4*(1), 27-43.
9. Dreyfus, A., & Jungwirth, E. (1989). The pupil and the living cell: A taxonomy of dysfunctional ideas about an abstract idea. *Journal of Biological Education*, *23*(1), 49-55.
10. Lazarowitz, R., & Shemesh, M. (1989). Pupils' reasoning skills and their mastery of biological concepts. *Journal of Biological Education*, *23*(1), 59-63.
11. Marek, E. A., Cowan, C. C., & Cavallo, A. M. L. (1994). Students' misconceptions about diffusion: How can they be eliminated? *The American Biology Teacher*, *56*(2), 74-77.
12. Posner, G. J., Strike, K. A., Hewson, P. W., & Gertzog, W. A. (1982). Accommodation of a scientific conception: Toward a theory of conceptual change. *Science Education*, *66*(2), 211-227.
13. Stepans, J. (1991). Developmental patterns in students' understanding of physics concepts. In S. M. Glynn, R. H. Yeany, & B. K. Britton (Eds.), *The psychology of learning science* (pp. 89-116). Hillsdale, NJ: Lawrence Erlbaum Associates.

國家圖書館出版品預行編目（CIP）資料

生物概念與教學 / 顏瓊芬等作. -- 初版. -- [彰化市]：科學教育學會；新北市：華藝學術，2016.08
　面；　公分
ISBN 978-986-86350-1-2（平裝）
1. 生物 2. 教學法 3. 中等教育
524.36　　　　　　　　　　　　　　　　　　　　105014901

生物概念與教學

主　　編／中華民國科學教育學會
作　　者／顏瓊芬、游淑媚、黃臺珠、林陳涌、林曉雯、王靜如、高慧蓮、盧秀琴
　　　　　（依發表篇章先後排序）
專刊編輯／王靜如
責任編輯／林瑞慧
執行編輯／彭雅立、劉恬君、黃德勝、謝依伶
美術編輯／黃宏穎
版面編排／陳思政

發 行 人／鄭學淵
總 編 輯／范雅竹
發行業務／陳水福
出　　版／中華民國科學教育學會
　　　　　地址：500 彰化縣彰化市進德路 1 號
　　　　　電話：(04) 7232105#3122

　　　　　華藝學術出版社（Airiti Press Inc.）
　　　　　地址：234 新北市永和區成功路一段 80 號 18 樓
　　　　　電話：(02) 2926-6006　傳真：(02) 2923-5151
　　　　　服務信箱：press@airiti.com
發　　行／華藝數位股份有限公司
　　　　　戶名（郵局／銀行）：華藝數位股份有限公司
　　　　　郵政劃撥帳號：50027465
　　　　　銀行匯款帳號：045039022102（國泰世華銀行　中和分行）
法律顧問／立暘法律事務所　歐宇倫律師
ISBN ／ 978-986-86350-1-2
DOI ／ 10.6140/AP.9789868635012
出版日期／ 2016 年 8 月初版
定價／新台幣 380 元

版權所有‧翻印必究　　Printed in Taiwan
（如有缺頁或破損，請寄回本社更換，謝謝）